歴史文化ライブラリー

487

〈謀反〉の古代史

平安朝の政治改革

春名宏昭

吉川弘文館

目　次

天皇大権のゆくえ

古代の政変・謀反・クーデター——プロローグ

承和九年（八四二）、承和の変が起こった。後に詳しく述べることになるが、この政変は、仁明《にんみよう》天皇（嵯峨《さが》天皇皇子）の治世下に、皇太子恒貞《つねさだ》親王（淳和《じゆんな》天皇皇子）の周辺の一部の官人たちが謀反を企《たくら》み、それが発覚して恒貞親王が廃されるとともに、太政官《だじようかん》に列なる公卿《くぎよう》以下、淳和天皇・恒貞親王に近しい官人たちが政界からほぼ一掃されたものである。つまり、一言で言えば、皇位継承をめぐる政変だったと言える。

ただし、政変の中心に仁明天皇と恒貞親王がいたかというと、少し違う。七世紀に起こった壬申《じんしん》の乱も大海人《おおあま》皇子（天智《てんじ》天皇弟、後の天武《てんむ》天皇）と大友《おおとも》皇子（天智天皇皇子、明治になって弘文《こうぶん》天皇と追贈）との間の皇位継承をめぐる戦乱だったが、この戦乱の中心には大海人皇子の意志と大友皇子の意志が確実に存在した。

しかし、承和の変の場合は違う。仁明天皇は、自らの血脈が天皇家として残れなくてよいと思っていたわけではなかろうし、恒貞親王に譲位した後、自らの血脈が天皇家として残れるかどうか、不安がなかったと言えばうそになろう。しかし、だからといって、恒貞親王を皇太子の座から退け、皇子の道康《みちやす》親王（後の文徳《もんとく》天皇）に自らの天皇位を譲りたいとまで思っていたとは考えられない。

一方の恒貞親王は、淳和天皇の皇子、嵯峨天皇の外孫としてこの世に生を受け、兄恒世《つねよ》親王（嵯峨天皇同母妹の高志《こし》内親王の所生）の早逝後は淳和天皇の（正統の）後継に位置づけられ、淳和天皇から仁明天皇への譲位に際して皇太子に冊立《さくりつ》された身だった。近い将来の即位を寸分も疑うことはなかったろう。つまり、謀反を企てる必要など感じるはずのない状況にあった。

ではなぜ政変は起こったのか。結論を先に言えば、「良吏《りょうり》政治」が進展し、官僚たちのポテンシャルが全体的に上昇した結果、必然的に起きたのである。「吏」は官僚のことであり、「良い吏」とは有能な官僚のことである。つまり、「良吏政治」とは有能な官僚による国政運営のことである。

官僚たちのポテンシャルの上昇は、国家の発展、充実した国政運営に繋がるのではないのか。国家が発展して、なぜ政変が起こるのか。国家が低迷し袋小路に陥り政変が起こるのならばわかるが、発展というプラスの結果がなぜ政変というマイナスをもたらすのか。それに、承和の変は皇位継承をめぐる政変である。言うならば、天皇家内部の問題である。それがなぜ、官僚たちのあり方が変化することによって引き起こされるのか。あるいは、本書の「〈謀反〉の古代史」という題名に、なぜ「平安朝の政治改革」という副題が付いているのか。〈謀反〉と政治改革とはどこでどう結び付くのか。

読者の皆さんの頭の上にはクエスチョンマークがいくつも浮かんでいるものと思う。しかし、それが真実なのである。少なくとも、筆者はそう確信している。本書を通じて、皆さんのクエスチョンマークをひとつずつ消していきたいと思う。

前もって断っておきたいのは「官僚たち」の表現である。彼らは、ある時には「貴族たち」と表現され、ある時には「官人たち」と表現される。これはあくまでも筆者の感覚なのだが、「官僚たち」は官僚機構の歯車の一つという感が強いのに対して、「官人たち」は天皇との関わりにおいてその耳目・手足であり、国家・社会との関わりにおいて特権階級であることの感が強い。そして、「貴族たち」は天皇とともに、国家の支配者層（支配者階級〉という意味が強いように思う。実体は一つなのだが、置かれた状況によって位置づけが微妙に異なる。

このことをふまえて、彼らを一つの言葉で表示してもよいのだが、本書ではあえて、文脈それぞれのニュアンスを大切にする意味で、右の三つの言葉を使い分けることにしたい。これは多分に筆者のこだわりだから、読者諸氏には少々面倒くさい思いをさせるかもしれない。そう感じた場合には、一つの実体として単純に理解してもらいたい。あらかじめお断わりしておく。

もう一つは本書の題名『〈謀反〉の古代史』についてである。この題名は出版社から与えられたものだが、筆者は当初躊躇した。単純に、〈謀反〉を起こした者が悪で、それを収めた者が正義というわけではないからである。ものごとの順序が逆で、政変に勝った者が、自らの正当性を主張する一環として、敗者に〈謀反〉の汚名を押しつけるのである。〈謀反〉が成功すれば、それは「革命」と呼ばれる。こうした〈謀反〉の不条理をひもとくのも本書の目的の一つである。

良吏政治の展開

〈時代〉が変わる——ワンランク上の国家を目指して

桓武朝の政治改革

奈良時代から平安時代へ〈時代〉が変わった。それは奈良の平城京から京都の平安京に都が遷されたから、遷都以前を奈良時代、遷都以後を平安時代と区別している、と皆さんは理解しているのではなかろうか。もちろんそれで正解なのだが、実は話は逆なのである。八世紀の後半から九世紀の前半にかけて〈時代〉が大きく変わった。もちろん、自然に変わったわけではなく、強い意志の下に変えられたのである。そして、〈時代〉が変わる一環として都が遷された。したがって、都が置かれたところに基づいて、奈良時代、平安時代と〈時代〉を区別していることは、〈時代〉が変化した事実を示すという大きな意味があるのである。

〈時代〉というのは抽象的な言い方だが、国家のあり方、社会のあり方と言い換えることができようか。だから、〈時代〉が変わった（変えられた）のは、国家のあり方、社会のあり方が変わった（変えられた）ことに他ならない。これを端的な言葉で表せば「国政改革」であり、「国政改革」によって奈良時代から平安時代に移行したのである。

この時期の改革といえば、すぐに桓武《かんむ》朝の改革が思い付くだろう。それでは、桓武朝の改革とはいったいどういう改革だったのか。大方の人は、奈良時代の濫費《らんぴ》により国家財政が行き詰まったのを打開するため、全国の調庸《ちょうよう》（＝税）の中央政府への貢納システムを建て直す目的から、地方行政を担う国司《こくし》の働きを監察する制度を構築したのが、桓武朝の最大の改革だったと考えているのかもしれない。勘解由使《かげゆし》の制度である。これは決して間違いではないし、むしろ、相当に古代史に精通した人の理解だと思うが、筆者からすると、残念ながら本質からは少し外れている。

どの時代でも、政府は国内のあらゆる問題に対処し、すべての方面に政策を行なっている。それらの中には史料に残るものと残らないものとがあるが、そのような状況の下でも、どの政権にも自ずと中心的な政策があるものである。表1は、大雑把なものながら、桓武朝の諸政策を掲げたものである。それぞれの政策にAからGまで付した分類は、内容ごとの分類であり、これを見れば、あらゆる政策が行なわれていることがわかろう。

ただし、これらの中で中心的な政策は何かと言えば、中心的な政策はない。右に述べたことと矛盾するが、桓武朝はそうなのである。これは言い換えれば、すべてが中心的な政策であるとも言える。桓武天皇の主導の下でこれらがなされたとすれば、桓武天皇は想像を絶する仕事量をこなさなければならなかったろう。しかし、桓武天皇は歯を食いしばってそれを実行したのである。

新しい国家を作る

桓武朝の政策はなぜあらゆる方向の政策なのか。それは桓武朝の改革が〈悪いところを直す改革〉ではなく、〈新しい国家を作る改革〉だからである。〈新しい国家を作る改革〉だから、旧来の国家が身にまとっていた服はすべて脱ぎ捨て、新しい服に着替えなければならなかった。先に掲げた勘解由使設置に象徴される国司監察強化の政策は、巨視的に見れば、後に見る藤原冬嗣《ふじわらのふゆつぐ》の奏言で展開される地方行政の良吏政治的あり方に繋《つな》がっていくのだが、直截的には（奈良時代における発展の一方で生み出された）国家財政の逼迫《ひっぱく》や地方行政の弛緩《しかん》を建て直す改革だった。つまり、〈悪いところを直す改革〉であり、だから本質ではないと言ったのである。

この考え方の根底には、奈良時代以来弛緩が目立ってきた律令《りつりょう》制度を、平安時代を通

表1　桓武朝の諸政策

年	月	
天応元年（七八一）	四月	光仁天皇の禅譲を受けて桓武天皇が即位
		早良親王を立太子
		生母の高野新笠を皇太夫人となす（Ａ）
	六月	員外官の廃止、国司の綱紀粛正を宣言（Ｂ・Ｅ）
	一二月	光仁太上天皇没
延暦元年（七八二）	閏正月	氷上川継謀反（Ａ）
	四月	造宮省・勅旨省、法花司・鋳銭司を廃止（Ｂ）
	七月	雑色長上を解却、餅戸・散楽戸を廃止（Ｂ）
	一二月	解由の励行を厳命（Ｅ）
延暦二年（七八三）	正月	内親王・内外命婦の服色の乱れを禁断（Ａ）
	四月	国分寺僧の厳正な死闕交替を厳命（Ｃ）
	五月	外記の官位を昇格（Ｂ）
	六月	京畿内の私寺経営を禁止（Ｃ）
	一二月	京内の諸寺の利潤行為を厳禁（Ｃ）
延暦三年（七八四）	二月	大伴家持を征東将軍に任命（Ｆ）
	一一月	長岡京へ遷都（⇒難波宮を廃止）（Ｇ）
延暦四年（七八五）	正月	優秀な郡司に叙爵（Ｅ）
	五月	桓武天皇の外祖父母に贈位・贈官（Ａ）
		諱と同じ氏族名を改称（白髪部→真髪部／山部→山）（Ａ）
		麁悪調庸を貢進する国司・郡司に処罰（Ｅ）
		民間布教の僧侶を外国の定額寺へ移配（Ｃ）
	七月	優秀な僧尼を顕彰（Ｃ）

		正税を犯用した国司を厳罰（E）
	九月	藤原種継暗殺
	一〇月	五畿内に校田使を派遣（D）
		早良親王廃太子
	一一月	郊祀（＝天帝を祭る中国の祭祀）を実施（A）
		安殿親王（平城天皇）立太子
延暦五年（七八六）	四月	国司・郡司の考課基準十六条を制定（E）
	六月	諸国の公廨処分法を改正（没収）（E）
	八月	正倉の焼失物を国司の公廨から補塡（没収）（E）
	九月	畿内班田使を任命（D）
延暦六年（七八七）	二月	皇弟・皇子に賜姓——広根諸勝・長岡岡成（A）
	一一月	郊祀を実施（A）
延暦七年（七八八）	五月	伊勢神宮・諸国の名神に祈雨（C）
	七月	紀古佐美を征東大使に任命（F）
		最澄が延暦寺創建（C）
延暦八年（七八九）	七月	三関を廃止（B）
延暦九年（七九〇）	一〇月	鋳銭司を設置（B）
	一一月	公廨の欠負・未納の毎年補塡を制度化（E）
	一二月	成績優秀の郡司に報奨の叙爵（E）
延暦一〇年（七九一）	二月	延焼防止のため諸国倉庫の新造時の配置に配慮を指示（E）
	三月	删定律令を施行（B）
		国忌を整理（A）
	五月	田籍を改定（D）
	七月	大伴弟麻呂を征東大使に任命（F）
延暦一一年（七九二）	六月	軍団兵士制を廃止し健児を設置（B）

	一〇月	京・畿内に班田（D）
	一一月	俸禄支給に際して五位以上に大蔵省への参向を指示（A）
	閏一一月	新弾例八十三条を弾正台に下付（B）
延暦一二年（七九三）	二月	平安京遷都を始動（⇒摂津職を国に改組）（G）
	九月	女王の婚姻制限を緩和（A）
延暦一三年（七九四）	六月	副将軍坂上田村麻呂が勝利（F）
	一〇月	平安京へ遷都（G）
延暦一四年（七九五）	閏七月	公出挙の利率を五割から三割に定減（E）
		駅路を廃止（B）
		正税出挙の死亡人の負稲債務免除を廃止（E）
延暦一五年（七九六）	三月	主計・主税寮に印を下付（B）
	一一月	新銭の隆平永宝を実施（B）
	一二月	皇親の蔭位規定を改訂（A）
	九月	山城・河内に烽燧を設置（B）
	一一月	伊治城に移民九〇〇〇人――多賀城から北進（F）
		平安京に東寺・西寺を創建（C）
延暦一六年（七九七）	正月	兼国の参議以上と大弁・八省卿への公文遥付を停止（E）
	二月	『続日本紀』完成（A）
	四月	任終後の国司の留住を禁止（D）
	六月	収租法を改訂（D）
		删定令格四十五条を施行（B）
	八月	王臣家荘園の不法行為を禁制（D）
	九月	勘解由使を設置（E）
	一一月	坂上田村麻呂を征夷大将軍に任命（F）
延暦一七年（七九八）	正月	公廨を停止（ただし同一九年〈八〇〇〉復活）（E）

延暦一八年（七九九）	四月	僧侶の年分度者の選定基準の厳正化を指示（C）
	九月	祈年祭に官幣国幣社制を導入（C）
	一〇月	糒穀の検収の厳正化を指示（E）
	二月	饑饉救済のため私稲出挙を利率三割で臨時に認可（D）
	四月	衛府の官位を昇格（B）
	六月	停止された公廨稲の利稲追徴を禁止（E）
		諸国の山林修業者の調査・把握を指示（C）
	一一月	問民苦使の報告に基づき国司を処罰（E）
	一二月	各氏族に本系帳を提出させる（A）
延暦一九年（八〇〇）	四月	不二得八法を改め不三得七法を実施（D）
	五月	移配の夷俘の不法著しい者を処罰（F）
延暦二〇年（八〇一）	六月	一紀一班の制（D）
	七月	遣唐使を任命（A）
延暦二一年（八〇二）	正月	胆沢城を築造――四〇〇〇人を配置（F）
	四月	蝦夷の族長阿弖利為ら投降（F）
	一一月	大宰府管内国司の解由未得帰京者を加罰（E）
延暦二二年（八〇三）	正月	三論・法相宗に五人の年分度者を認可（C）
	二月	『延暦交替式』を編纂（E）
延暦二三年（八〇四）	正月	諸国の僧侶の教化、その監督を行なう僧綱・国司への指示（C）
	六月	渤海使来着のために能登国に客院造作を指示（A）
	七月	遣唐使を発遣（A）
	九月	諸家の牒の書様を規定（A）
	一一月	秋田城を停廃し、秋田郡を設置（F）
	一二月	朝堂の制を改訂（B）
延暦二四年（八〇五）	一一月	諸司・諸国の解文への署名の徹底を指示（B）

大同元年（八〇六）	一二月	民衆の労役負担を軽減（D） 徳政論争——「天下の苦しむところは軍事と造作なり」
	三月	桓武天皇没

分類（A）権威の確立、アイデンティティーの確立
（B）国家機構の整備
（C）神祇・仏教の支配・統制
（D）農地拡大政策を継続——そのための不法行為禁止、一紀一班制
（E）地方支配体制の強化……国司・郡司のチェック強化
（F）東北経営の成功——坂上田村麻呂の活躍
（G）長岡京・平安京の造営……新たな国家に相応しい首都を建設（気分刷新）

じて建て直す努力が重ねられたものの、その進行に歯止めをかけることができず、遂に律令国家が崩壊して中世国家に移行したという理解があったと考えられる。このような理解は近年ではかなり改められているが、なおその影響が残っている。律令国家は変態を遂げて平安時代にさらに発展し、その結果、中世国家・社会がもたらされたと理解しなければならない。

奈良時代の急速な発展があったからこそ、桓武朝の改革を行なう素地ができたのであり、奈良時代と平安時代とは別に断絶しているわけではない。しかし、桓武朝の改革が〈新しい国家を作る改革〉であることを明確に理解しない限り、平安前期の政治の推移を正しく

理解することはできないだろう。桓武朝の改革は、平城《へいぜい》朝・嵯峨《さが》朝・淳和《じゅんわ》朝に引き継がれていく。

妥協を許さない藤原仲麻呂の改革

大宝元年（七〇一）に律令国家がスタートし、国家体制の安定を基礎に社会が急速に発展を遂げた。そのピークが天平《てんぴょう》年間後半（七四〇年代）だった。聖武《しょうむ》天皇が君臨した時代であり、現在の世界遺産を生み出した時代である。律令国家のスタート時に想定した発展が達成されたこの時点で、もうワンランク上の国家を目指して改革を行なうのか、現状の体制を維持し得られた繁栄を享受するのか、という選択が迫られた。

当時政権を担当していた藤原仲麻呂《ふじわらのなかまろ》は果敢に〈改革〉を選択した。〈改革〉を進めるためには人々は努力をしなければならない。だれもがさらなる〈改革〉の必要性はよくわかっていたものの、目の前に広がる繁栄を享受したいと思うのも人情である。目の前に甘い匂いのする果実があれば、手を伸ばしたくなるのは仕方のないことだろう。しかし、そうなると人々は現状維持的な政策を指向するようになり、藤原仲麻呂の政権運営とは齟齬《そご》を生ずるようになる。

現状維持的な政策と現状の継続とは、根本的に異なる。大リーグで活躍するイチロー選手をイメージしてほしい。毎年のイチロー選手は、前のシーズンと同じイチロー選手だったわけではない。相手球団・相手投手たちは躍起になって攻略方法を研究してくるだろうから、前のシーズンと同じでは好成績を続けられるわけがない。つまり、イチロー選手はつねに進化し続けていた。現状の継続とは正にそういうことで、現状維持的な政策を繰返していれば、国家・社会はやがてジリ貧状態に陥る。律令国家に対戦相手はいないし、中国・朝鮮との相対的評価でもないのだが、人々が現状維持と感じている時は、人はほっておけば難きを避けて易《やす》き方へ易き方へ流れていくものであることからすれば、実際には徐々に状態が後退していると考えるべきなのである。

藤原仲麻呂の乱

藤原仲麻呂はそれがわかっていたからこそ、貴族たち（＝官僚たち）を叱咤《しった》して〈改革〉を推し進めようとした。しかし、貴族たちの中には誘惑に負けて、立ち止まって甘い果実に手を伸ばす者がいた。彼らの行為を見過ごせば、やがて〈改革〉は骨抜きになってしまう。だから、仲麻呂は彼らに厳罰をもって当たった。だがそうなると、貴族たちはだれでも甘い果実に手を伸ばしたいという同じ欲求を多かれ少なかれ抱いているから、仲麻呂の対応は厳しすぎる、厳重注意くらいで許してやってもよいだろう、仲麻呂は自分だけが正しいと思っているのではないか、という具合に仲麻呂に対する反発が強まってくる。

同じころ、淳仁《じゅんにん》天皇と藤原仲麻呂による政権運営に、奈良時代の皇統の直系を自負する孝謙《こうけん》太上天皇が不満を抱いていた。この気配を嗅ぎ付けた反仲麻呂派の貴族たちは、孝謙太上天皇の下に結集し、遂に天平宝字《てんぴょうほうじ》八年（七六四）、仲麻呂が都督使《ととくし》（正式には「都督四畿内三関近江丹波播磨等国兵事使」という）に任じられたのをきっかけとして、仲麻呂が「逆謀《ぎゃくぼう》」を企てたとして、まず孝謙太上天皇側が兵を起こし、仲麻呂側もそれに応じて戦乱となった。

その後、藤原仲麻呂は利なしと見て平城京を脱出したものの、孝謙太上天皇側は吉備真備《きびのまきび》の指揮の下、仲麻呂の行く手をことごとく阻み、その結果、琵琶湖《びわこ》畔で両軍がぶつかり、仲麻呂の軍が敗れて、仲麻呂は家族とともに首を刎《は》ねられて処刑された。実際は孝謙太上天皇側のクーデターと評した方が正しいのだが、勝者の論理で、敗者の名を冠して「藤原仲麻呂の乱」と呼ばれる。なお、仲麻呂は淳仁天皇から「恵美押勝《えみのおしかつ》」という名を与えられていたため、「恵美押勝の乱」ともいう。この乱で仲麻呂政権が瓦解するとともに、仲麻呂が目指した〈改革〉は挫折した。

藤原仲麻呂のさらなる〈改革〉が必要だという判断は正しかったが、政権運営に円滑を欠き、全般的な貴族たちの支持を失った結果、〈改革〉は失敗に終わったと総括できようか。

相次ぐクーデターと改革派の勝利

その後、孝謙太上天皇が重祚《ちょうそ》して称徳《しょうとく》天皇となるが、称徳天皇が没して奈良期の天皇家が断絶すると、次の天皇候補として白壁王《しらかべおう》（光仁《こうにん》天皇）と文室浄三《ふんやのきよみ》の名が上がった。白壁王は天智《てんじ》天皇の孫で、文室浄三は天武天皇の孫だった。二人とも藤原仲麻呂政権に参画していた経験を持つから、基本的には〈改革〉に賛成の立場だったのだろうし、政権内で具体的にどのような動きをしたのかもわかるから、二人がどのような政治を指向する政治家なのかは想像がついただろう。

つまり、この二人のうちどちらを選択するかは、今後の国家の方向性を選択することでもあった。どちらかといえば、（天皇家とは距離のあった）天智系の白壁王は〈改革〉推進派なのに対して、天武系の文室浄三は（奈良時代を肯定する）現状維持派だったと見做《みな》してよいのではなかろうか。

結果、光仁天皇（白壁王）が選択されて新たな天皇家が構築された。そして、新たな天皇家の下で〈改革〉がふたたび推し進められることとなり、その基本方針が桓武・平城・

嵯峨・淳和・仁明《にんみょう》と受け継がれていったのである。ただし、これも円滑に桓武天皇に引き継がれたわけではない。

光仁天皇の即位にともない、井上《いのえ》内親王（聖武天皇皇女）が皇后となり、所生《しょせい》の他戸《おさべ》親王が皇太子となった。聖武天皇の外孫である他戸親王が即位すれば、奈良時代に戻ってしまう危険性がある。それを嫌った〈改革〉推進派は、井上内親王が光仁天皇を呪い殺そうとしたという罪に落とし、その所生子だからという理由で、他戸親王を廃太子に追い込んだ（後に二人は殺されている）。巫蠱《ふこ》事件などと言われる。

また、桓武朝初に起こった氷上川継《ひがみのかわつぐ》の変も、右と同根の政変かもしれない。川継も聖武天皇の外孫で（父塩焼王《しおやきおう》、母不破《ふわ》内親王）、クーデターを謀ったものの露見し、関係者とともに処罰された。これで桓武天皇に反対する勢力、〈改革〉に抵抗する勢力は、ほぼ押さえ込まれたのだろう。

ワンランク上を目指す改革

平安前期の〈改革〉とは、奈良時代に回帰しようとする人々の勢力を押さえ込みながら、〈時代〉を前進させるべく行なわれた〈改革〉だった。藤原仲麻呂は、〈天平《てんぴょう》の盛期〉の副産物として生み出された種々の不具合を修繕するための〈改革〉を行なおうとしたのではない。〈天平の盛期〉が達成されたことをふまえて、もうワンランク上の国家を目指して〈改革〉を行なおうとしたのである。新しい国家のデザインを案出し、それに基づいた国家を構築しようとしたのであり、それを平安期の新天皇家がふたたび試み実現していった結果、奈良時代から平安時代に〈時代〉が転換したのである。平安時代の日本は新たなコンセプトに基づく国家だった。

もちろん、平安時代の基本も律令国家で、奈良時代も平安時代も古代だから、例えば江戸時代（近世）から明治時代（近代）ほど大きな時代の転換ではない。しかし、詳細に検証すれば、国家・社会のかなり重要な部分まで変化を遂げていることがわかる。すなわち、そのような変化を成し遂げたのが平安前期という時代だったのである。

官人たちが変わる――「良吏政治」のスタート

貴族たちの教育制度――大学

国家・社会をダイナミックに変化させ〈時代〉を転換したのは官人たちである。もちろん、天皇の指導力にも大きな意味があるのだが、具体的に国家機構に手を加え、社会のあり方を変えていったのは官人たち（貴族たち）である。そして、国家・社会を変えるにはまず彼ら自身が変わらなければならなかった。奈良時代の官人たちと平安時代（平安前期）の官人たちとではどこがどう違うのか。具体的に検証していこう。

「良吏政治」は嵯峨《さが》天皇の代名詞なのだが、実は、その最初の法令は平城《へいぜい》天皇の下で発布されている。『日本後紀』大同元年（八〇六）六月壬寅《じんいん》条には次のようにある（以下、大同元年勅）。

又勅すらく。諸王及び五位已上《ごいいじょう》の子孫、十歳以上は皆大学に入り、業を分かちて教習せよ。蔭《おん》に依《よ》りて出身せば、猶《な》ほ寮に上《つかえまつ》り一選を経て大舎人《おおとねり》に□□□すべし。但し情に業を遂ぐるを願はば之《これ》を聴《ゆる》せ。

若干文字が不明な部分（□□□の部分）があるので、細かい部分まで内容が把握できないのが残念なのだが、一般には平城朝の大学重視の政策と評される政策である。しかし実は単にそれだけのものではない。

官人たちに与えられる位階は一位から初位（＝数詞で言えば九位に当たる）まで。三〇階に別れているが、そのうち一位から三位までを「貴《き》」、四位・五位を「通貴《つうき》」という。この五位以上がいわば本当の貴族（＝国家の支配者層）なのである。大同元年勅は、その五位以上の子孫を対象とした法令である。

学令2大学生条によると、大学入学は一三歳以上一六歳以下である。それを勅では一〇歳になると全員大学に入り学業を修めることを命じている。そして、修学中に二一歳になり蔭位制《おんいせい》によって官人身分を得た場合は、引き続き大学寮に出仕して、一回の選限を経るまで学業を続けて、その後に大舎人に□□□せよという。□□□の部分は、出仕せよというような語が入るのだろう。

蔭位制は、親の地位に応じて受けられる優遇措置のこと。正確ではないが、現代で言えば、各省の事務次官（＝官僚のトップ）の息子が国家試験免除で国家公務員に就職できるようなものである。しかし、一〇歳で入学だから、一一年間勉強してまだ卒業できないのは、少しおかしい気がする。「選」は昇進年限のこと。官人の身分によって格差が設定されており、この場合は内分番で六年（格制《きゃく》）だろう。すなわち、六年ごとに昇進の判定が行なわれる年限のことである。つまり、大学寮の職員という仮の身分を与えられ、さらに六年間勉強を続けるということである。

もしかすると、六年間の猶予を与えてもなお学業を修了できない者は、大舎人にせよという意味かもしれない。しかし、そもそも大舎人は、「落ちこぼれ」が追いやられるような「ゴミため」的な官職では決してなかった。

大舎人への出仕は『日本書紀』天武二年（六七三）五月乙酉朔《ついたち》条に見られる。

公卿《こうけい》・大夫《たいふ》及び諸の臣《おみ》・連《むらじ》并びに伴造《とものみやつこ》等に詔して曰《いわ》く。夫《そ》れ初めて出身せば、先《ま》づ大舎人に仕へしめよ。然る後に、其《そ》の才能を選簡して、以《もっ》て当職に充《あ》つ。（後略）

公卿は三位以上、大夫（訓ではマエツキミという）は五位以上に相当する上級官人を指し、臣連・伴造は六位から初位までの中下級官人を指すから、「公卿・大夫及び諸の臣・連并びに伴造等」は、朝廷（中央政府）に出仕するすべての官人を意味する。彼ら全員に対して、朝廷に官人として出仕する際にはまず初めに大舎人として出仕せよと命じている。

学歴重視の官吏登用

大舎人は天皇の側近・周辺にあって種々の仕事を行なう役職である。天皇の側近くで働き、天皇と日常的に触れ合うことによって、天皇との間に強い紐帯《ちゅうたい》意識を作り上げ、天皇に対する忠誠心を養った。天武朝は律令国家建設過程の最終段階であり、中央政府の官人となる絶対的な前提条件として天皇に対する忠誠心を置いたのである。

前代の大和朝廷において、豪族たちは朝廷内で一定の役割を果たすことで、朝廷内における自らの地位を確保し、それは〈歴代にわたる天皇への奉仕〉というかたちで象徴化されていた。右の律令国家における官人たちのあり方の構造――天皇と官人たちとの関係性の基底に天皇に対する忠誠心を置いた構造――は、こうした前代の豪族たちのあり方から極めて円滑に移行できるものだったと思われる。

豪族たちの子女を（人質の意味も含みつつ）大和朝廷に出仕させ、天皇を核とする家産制組織に組み込むという方式は、律令制下にも兵衛《ひょうえ》・采女《うねめ》の制として継続している。そうした意味で大舎人制は、極端な見方をすれば、畿内豪族も含めてすべての豪族たちをいったん天皇を核とする家産制組織に取り込み、天皇の「腹心」（＝信頼のあつい側近）となして、それを官僚機構全体に拡大しようとする政策だったとも表現できよう。

それに対して、大同元年勅はその大舎人になる前にまず学業を修めよと官人たちに命じた。天武朝の段階では大舎人だけだが、令制では各種のトネリに分かれた。天皇に仕える内舎人《うどねり》・大舎人・兵衛、三后《さんこう》等に仕える中宮《ちゅうぐう》舎人・皇太子に仕える東宮《とうぐう》舎人、親王に仕える帳内《ちょうない》、諸王や五位以上の貴族に仕える資人《しじん》というように、親の身分に基づいてピンからキリまでの身分のトネリがいた。

一方、トネリからの出仕は律令国家の基本原則だったが、奈良時代も中盤以後になると、トネリを経験しないまま官人として昇進していく例が多く見られるようになった。それはトネリの位置づけが低下したことを意味する。令制では、最下級のトネリである帳内や資人は本来庶人《しょじん》（＝貴族ではない被支配者層。位階を有しない。白丁《はくてい》ともいう）からの採用が許されていた（軍防令《ぐんぼうりょう》48帳内条）ものの、内舎人はもちろんのこと、大舎人・兵衛や東宮舎人（中宮舎人も同様か）は官人の子弟から採用されると規定されていた（軍防令46五位子孫条・47内六位条）。

しかし、平城朝初の時点で東宮舎人にすでに庶人からの採用が許されていた。庶人を官人身分に取り込もうというのではない。東宮舎人から出身しても、ほとんどの人々が最下級の身分で一生を終える現実がそこにあった。平安時代になると、最上位のトネリである内舎人以下、トネリからの出身制度が全般的に衰退している。〈官人となるための大前提としてのトネリ〉という性格は意味をなさなくなっていたと考えてよいだろう。

そして、政策の対象が五位以上の子孫（＝蔭子孫《おんしそん》という）に限られている点にも留意すべきである。もちろん、六位以下の子（＝位子《いし》という）を切り捨てたわけではなく、別の役割を期待したと考えるべきだろうが、国家運営の主力を上層の官人たちに設定している点は注目に値しよう。

結局のところ、大同元年勅は天皇に対する忠誠心を出仕の大前提とするような考え方自体をすでに意味のないものとして捨て去り、その代わりに学業の習得を出仕の前提として位置づけた。平城天皇は官人たちに能力を要求したのである。前代の精神性を重視するあり方に比べれば極めてドライな考え方と言える。一般に、平城朝の政治の特徴として律令制の原則の遵守・回帰が言われる。大同元年勅もその論理の下で大学を重視する政策と説明されてきたが、実際には当初の律令制とはまったく違った原理・原則（思想と言った方がよいかもしれない）に基づく政策だった。

キャリアウーマン奨励法

ここまで男性官人についてのみ述べてきたので、女性官人についても見ておこう。『類聚国史《るいじゅうこくし》』巻四〇後宮部・采女《うねめ》（『日本後紀』逸文）大同元年（八〇六）十月壬申《じんしん》条には次のようにある。

勅すらく。凡《およ》そ氏女《うじめ》を貢ずる事、令条に明らかにして、皆卅已下《いか》十三已上《いじょう》に限る。いま氏の長者、氏中の端正なる女を択び之を貢ずべし。其れ十三已上の徒、心神移り易く、進退未《いま》だ定まらず。宜《よろ》しく采女年卅已上卌已下の配偶なき者、或《あるい》は貢後人に適《とつ》がば必ず替えを貢ぜしむべし。又官途怱忙《そうぼう》にして、独り取捨し難くんば、緩急の事、援助有るべし。宜しく長者相補ひて、仕え進むを得しむべし。

氏女とは、畿内に本拠を持つ貴族出身の女性のこと。後半で「采女」（＝地方豪族出身の女性）となっているのは、何か混乱があったのだろう。令制では一三歳から三〇歳までの女性が採用された（後宮職員令18氏女采女条）が、それがこの勅によって、三〇歳から四〇歳までの独身女性が採用されることになった。一三歳以上（三〇歳以下）の女性は、いまだ幼く精神的に不安定であることが理由として挙げられている。

勅によると、女性の選定は長者（＝その氏族の代表者）が行なったらしい。だから長者に対して、このことによく留意して選定せよと命じているのだろう。また、独身という条件を守るために、結婚した場合には任を解き、あらためて替りの女性を貢ずることとしている。この制度の延長上に、後宮を引退する際には、同族の女性を推薦し、その女性があらたに後宮に仕えるという慣習が定着していくのだろう。この状況では、ある一つの氏族が後宮女官の仕事を請け負い、その一族の中でしかるべき女性が交替していく体制が成立している。

後半の文章はわかりにくいが、おそらく、仕事が一人の女性官人の手に余るようなことがあれば、出身氏族の完全バックアップの下で職務を完遂せよと言っているものと思われる。そして、その際にも長者がバックアップの指揮を執ることとなっている。つまり、後宮には様々な仕事があり、それらが過不足なく処理されることがもっとも重視されているのであり、だからこそ、未熟な少女ではなく、有能なキャリアウーマンが求められているだろう。

女性を介さない天皇と貴族の関係

本来、氏女はそれぞれの氏族の代表として、天皇に直接仕えるべく天皇宮に集まったものである。すなわち、〈天皇―貴族〉という凡国家的な仕奉《しほう》関係が、〈天皇―氏女〉という形で天皇宮の内に凝縮されて展開しているのである。氏女や采女は、旧来は、宮廷の中で成長していくものだった。宮廷は貴族社会の縮図である。天皇の周囲に様々な氏族出身の女性がいる状況があった。

その中で何人かの女性が天皇と性愛関係を成立させたこともあっただろう。しかし、そのために独身女性を求めたとは思えない。既婚者を排除しているのは、古くは藤原不比等《ふじわらのふひと》における県犬養橘三千代《あがたのいぬかいのたちばなのみちよ》、近くは藤原内麻呂《ふじわらのうちまろ》における百済永継《くだらのようけい》に見られるように、政権担当を目指す者が後宮にも権力基盤を築こうとするのを阻止するためであったと考える。その意味でも、純粋に〈仕事のできる女性官人〉を求めたものと言えよう。

そして、貴族社会自体が変わった。都が大和国を離れ、貴族たちも平安京に生活の本拠地を移すと、貴族のあり方自体が変わり、それとともに自然と天皇と貴族たちとの関係にも変化が生じた。そこではもう〈天皇—貴族〉という仕奉関係は成立しない。あえて言えば、対等な国家運営のパートナーになっており、〈天皇—氏女〉という凝縮された仕奉関係も必要ないのである。翌大同二年（八〇七）には、采女の貢進制度自体が停止になっている。采女も旧来の役割を終えたということなのだろう。

平城天皇は、こうした変化の本質を巧みに感じ取って、従来の宮廷にはなかった新たな能力本位の女性官僚機構を構築しようと図ったのだと思う。そこでの天皇と女性官人との関係は、男性官人と同じく極めてドライなものとなっている。先に掲げた勅は、そのための基礎的な条件整備だったと見做せよう。

天皇が変わる――桓武天皇と平城天皇

夢にも思わぬ光仁・桓武の即位

以上に述べた変化の根底には、天皇と官人たちとの関係性の変化があった。そして、さらにその根底には、天皇のあり方の劇的な変化があったことに注目しなければならない。奈良期の天皇は前代からの系譜を直接引き継いでおり、いわば神話に包摂されたような存在だった。天武天皇が『万葉集《まんようしよう》』で「大君は神にしませば」と謳《うた》われたように、天皇は神に等しい存在だった。当然、天皇が一般の官人たちと直《じか》に接触する機会も少なかった。聖武天皇は神亀四年（七二七）の詔の中で「身は九重を隔て、多く詳かに委《くわ》しからず」と述べている。官人たちにとって、天皇は神秘的な存在だったのである。

それに対して、新天皇家を創始した光仁《こうにん》天皇は、老齢まで天皇になるなど夢にも思わない存在だった。光仁天皇は天智天皇の孫で、天武天皇に発する奈良期の天皇家とは血統を異にしたからである。白壁王の時代、光仁天皇は藤原仲麻呂政権に中納言として参画したが、その時点で、大師藤原仲麻呂・御史大夫文室浄三、先任の中納言藤原永手が上席にいた。さらに称徳朝では、地方出身の吉備真備や道鏡《どうきょう》の弟である弓削清人《ゆげのきよひと》に頭越しに昇進された。しかも、この二人は本来太政官に名を列ねることなどない人々である。右の五人は直属の上司というわけではないが、上役であることは間違いない。

図１　桓武天皇像（延暦寺所蔵）

　かつて一般の官人たち（貴族たち）の下役だった人物が、天皇になったからといって、すぐに君主として拝するのは無理だろう。光仁天皇が即位した時、これらの人々はすでに政界にいないか一年以内に没したり引退したため、深刻な問題はほとんど生じなかったものの、光仁天皇自身の権威が即位後一気に高まることは決してなかった。

桓武天皇は壮年まで三世王だった。孫王（二世王）は天皇家の一員としてそれなりの身分の高さを感じることができるが、三世王ともなれば境遇が一般の貴族以下ということも多かった。山部《やまべ》王の時代、桓武天皇は短期間だが大学頭《だいがくのかみ》に任じられた。大学頭は大学寮《だいがくりょう》の長官である。皇族という身分を貶《おとし》めないために、三世王を含めて諸王は全般に諸司の長官に任じられることがほとんどだった。ただ、大学寮は式部省《しきぶしょう》の被管官司であり、その意味で式部卿《しきぶきょう》は大学頭の文字通り直属の上司だった。この時の式部卿は参議の石上《いそのかみの》宅嗣《やかつぐ》だった。かつて一般の貴族を上司に持っていた天皇が、官人たち（貴族たち）から権威を認められるなど、不可能に近いだろう。

二人とも天皇になるなど夢にも思っていないから、酒席で酩酊《めいてい》してだらしない姿を多くの人々に見られたことがあったかもしれない。人々と九重に隔てられて神秘的な雰囲気をまとっていた聖武天皇とは比較の対象にもなるまい。光仁・桓武両天皇と聖武天皇とはまったく違った存在だったことが実感できよう。

桓武天皇のコンプレックス

話が脱線するが、桓武天皇がこのような自らの限界を痛切に感じていたことが窺える事例がある。延暦《えんりゃく》十八年（七九九）に、位記《いき》への式部卿等の署名に変更を加える法令が出された（『類聚三代格《るいじゅうさんだいきゃく》』巻一七の同年四月十一日付太政官符《だじょうかんぷ》）。位記は叙位された官人に与える証明書で、これに太政官の責任者として大臣が署名し、式部省の責任者として式部卿が署名した（ただし、女官の位記には中務卿《ちゅうむきょう》が、男性の武官の位記には兵部卿が署名した）。各官人に与える位記に卿が自署する必要はないのだが、おそらく原本の位記には卿が自署したと思われる。

太政大臣は正従一位官で、左右大臣は正従二位官であるのに対して、中務卿は正四位上官で、式部卿・兵部卿は正四位下官だった。この関係に基づいて、大臣の位署の方が卿の位署よりも署名の位置が上になっている。親王が卿に任じられた場合、この規定に従うと、一般貴族（大臣）の方が親王（卿）よりも文面上の位置関係が上に置かれることになり、これは親王・諸王・諸臣（＝一般貴族）という身分の原則的な上下関係に抵触することになる。だから、両者の位署の行頭の位置を等しくせよと命じたのである。

抵触すると言えば確かにそうなのだが、大臣と省卿の官位に基づいて位署の高さが決まっていることに不合理はない。あからさまに言えば、気にしすぎなのである。太政官符の文面を見ると、桓武天皇が右大臣を呼び付けて法令の施行を命じ、右大臣がそれを実務の部局に伝達して施行の手続きが取られたという過程が窺える。このように天皇主導で法令が発布される事例は少ない。それを考えれば、桓武天皇がこの問題に関していかに敏感だったかがわかる。

実は、桓武天皇は親王になって立太子《りったいし》される以前に一時期中務卿に任じられていた。おそらく、山部親王は中務卿として位記に自署した経験があるのだろう。その時、右大臣大中臣清麻呂《おおなかとみのきよまろ》の位署よりも山部親王の位署の方が三文字分低かった。興味のある人は、公式令《くしきりょう》16勅授位記式条を見てほしい。一見して、いくら右大臣とはいえ大中臣清麻呂との上下の差は歴然としている。山部親王はその状況に一抹の不条理を感じながらも、仕方がないとあきらめたのだろう。

この時期に親王が式部卿等に任じられたことを示す史料は何もないのだが、筆者は、伊予《いよ》親王（桓武天皇第二皇子）が式部卿に任じられたのではないかと思っている。旧来通りであれば、伊予親王は右大臣神王《みわおう》より三文字分低い位署に甘んじなければならなかった。神王は光仁天皇の姪《おい》で、身分としては孫王に准ずる。この場合も、やはり親王と諸王の身分と上下関係の逆転現象が生ずるのである。そのため、伊予親王の任官を前に、桓武天皇は（不条理を感じる）自らの二の舞をさせないようにしたのだろう。

ただ、奈良時代にも諸王が式部卿等に任じられたことはあったから、諸王と諸臣の上下関係が問題になってよいにもかかわらず、まったく問題にならなかった。つまり、桓武天皇が過敏すぎるのである。桓武天皇が天皇として権威を獲得することのむつかしさをいかに深刻に感じていたかをよく物語っていよう。

官人たちの大学皆学制

その桓武天皇は四半世紀の在位を保ち、先に表1で見たように、在位の間に様々な改革を行なって実績を積み上げ、官人たちに対して絶大な権威を獲得した。続く平城天皇や嵯峨天皇は桓武天皇の皇子として誕生・生育し天皇になったから、奈良期の聖武天皇と同列に、生まれながらに、また即位した段階からすでに権威を身に纏《まと》っていた。しかし、光仁朝・桓武朝（初期）に変質した天皇の性格、延《ひ》いては天皇と官人たちとの関係性は元にはもどらなかった。もちろん、平安期の天皇も天皇としての尊貴性を持っているが、奈良期とは異なった、平安期の関係性が形成され定着したのである。

また、この動きと連動するようにして、官人たち（貴族たち）のあり方、性格も変わった。平安京への遷都によって都市貴族となったのがそれである。奈良時代までは、官人たちは平城京に居を構え平城宮に出仕していたが、同時に、前代までの本拠にいまだ重心を一定程度留めていた。極端なことを言えば、平城京で我慢しかねることがあれば、官人を止めて前代までの本拠に帰り、その地域の有力者として君臨することができた。

それが平安京遷都によって前代の本拠とは完全に乖離《かいり》し、平安京という新しい都市を生活基盤とする貴族となった。前代の本拠では、彼に頼らず、その地域独自の社会秩序を形成した。そうなると、彼が帰ってもその地域には不要な存在である。もはや彼が有力者として君臨できる余地はなくなったのである。

したがって、貴族たちは国家に依存して生きるより方法がなくなった。だから、国家が衰退しては困る。貴族たちにとって、国家の盛衰は自分たちの問題となったのである。貴族たちは、当然のごとく、国家の最終決定を行ない、国家運営を主導する天皇に、相応の能力を要求するようになる。これはもう国家運営のパートナーに対する感覚である。神として仰ぎ見つつ、忠誠心を示さなければならなかった奈良時代の天皇とは、隔世の感がある。なんとドライな感覚だろう。

桓武天皇がここまでの深謀遠慮の下に遷都を実行したのかどうかは詳らかではないが、結果から見れば、奈良時代から平安時代への移行にすべての物事が連動していると言ってよいだろう。

薬子の変――ルーキー天皇のストレス

天皇の能力の問題が早速表面化したのが平城天皇である。桓武天皇を継いだ平城天皇は、さらに強力に改革を推し進めていった。大同元年勅が官人たちのあるべき姿を根底から改変するものだったことからしても、平城天皇の改革が桓武天皇の改革よりもさらに果断なものだったことが想像できよう。官僚たちは当初平城天皇の命に従って懸命に政策の実現に努めていたが、しばらくすると平城天皇の能力に疑問を抱くようになった。

桓武天皇が絶大な権威権力を保持し、その命が絶対的なものだったのは、四半世紀に及ぶ在位を通じて実績を積み重ねた結果である。だから、官僚たちはそれを評価して桓武天皇の能力を信頼し、絶大な権威権力を認めたのである。それに対して、平城天皇はルーキーの天皇ではないか。実績など何もない。能力がどれほどのものかもわからない。つねづね政策が果断にすぎるのではないかと危惧を抱いてきたが、平城天皇の命に一方的に従うのは本当に正しいのだろうか。官僚たちはそう思いはじめた。

そして、いったんそういう疑念が心に浮かぶと、懸命に向かっていた政策の実現に急劇にブレーキがかかる。当然、諸政策は実現されにくくなり、改革のスピードは見る見る落ちていった。その状況にストレスをつのらせた平城天皇は、体調までおかしくした結果、弟の嵯峨天皇に譲位する。

嵯峨天皇は、性格もあってか、父や兄のように自ら先頭に立って政策を行なっていくのではなく、信頼する官人たちをしかるべきポストに配置し、彼らに国政運営を委ねるという体制を取った。ただ、平城天皇が感じていた天皇としてのストレスはそのまま嵯峨天皇に降りかかったようで、体調を崩して、皇位を平城太上天皇に返そうと思い詰めるまでになった。

一方、ストレスから解放された平城太上天皇は体調を回復し、嵯峨天皇が病床に臥したのを知ると、ふたたび自ら国政を執ろうとした。そのころ平城太上天皇は自らの宮を平城京に遷していたから、平安京の嵯峨天皇と併せて「二所朝廷《にしょちょうてい》」と称される。しかし、国政の中心が二つ存在するのは、どう考えても良好な政治状況とは言えない。そのような状況の下で、平城太上天皇が平城京への還都を命じたのをきっかけに、嵯峨天皇側が軍を動かして平城太上天皇の動きを封じ込み、実質的にその権力をすべて剝脱した。「薬子《くすこ》の変」と呼ばれる政変である。

勝者の論理で、平城太上天皇の側近くで反嵯峨的な策動をした藤原薬子《ふじわらのくすこ》の名が冠されたが、この政変は実際は嵯峨天皇側のクーデターだった。嵯峨天皇は正当な軍事指揮権を保有し行使できるが、もう一人の国家君主である平城太上天皇に兵を向けるのは、どう弁解しようとクーデターと言うしかない。クーデターを決断したのは嵯峨天皇である。そうでなければ軍を動かせるわけがない。ただ、嵯峨天皇の決断の背景には、平安京の政府中枢に列なるすべての官人たちが嵯峨天皇を支持したことがあったと思う。

神でなくなった天皇の悲劇

官人たち（官僚たち）は、平城天皇よりも嵯峨天皇を戴《いただ》いて国政運営を行なう方がよかった。嵯峨天皇の下では、もちろん嵯峨天皇の国政の基本構想に従って諸政策を実行するのだが、実際の国政運営は彼らに委ねられていたから、それぞれの政策は彼らが納得した中で立案され実行された。だから、彼らは嵯峨天皇を支持し、嵯峨天皇の背中を押したのである。

一方、平城太上天皇は自分の命に嵯峨天皇や平安京の政府が背き、クーデターを起こすなど予想もしなかった。だから、軍事的備えなどまったくない。平城太上天皇の威儀を整え警備する兵たちはいただろうが、戦闘する兵力ではない。クーデターの情報をえた平城太上天皇は、動揺せず治安の維持に努め、クーデターに加わらないことを全国に命じたらしいが、その程度で政変は収まると思っていたのだろう。決断をして軍事行動に出た嵯峨天皇側の軍にほとんど抵抗できなかったのもうなずけよう。

平城太上天皇は、四苦八苦しながら激務に勤《いそ》しんでいた即位直後の桓武天皇を見ているはずなのだが、後半期の絶大な権威権力を保持した桓武天皇から天皇のあり方を学んだようである。天皇が官僚たちから絶対的な信頼を勝ち取ってこそ、官僚たちは天皇の忠実な手足として働くのである。もはや神ではなくなった天皇の姿、官僚たち（貴族たち）との間に国家運営のパートナーシップを結んだ天皇の姿が、そこにはある。平城太上天皇の悲劇は、それを理解できなかったところにあったのだと思う。

嵯峨朝への政策継承

古代の国家経営と学問

薬子の変で平城（太上）天皇が実質的に権力をすべて喪失した結果、平城朝に行なわれた改革はすべて水泡に帰したと思っている人がいるかもしれない。たしかに、観察使《かんさつし》の制などは廃止されたが、大部分はそのまま後世に受け継がれた。大同元年勅の政策もその一つである。『日本後紀』弘仁三年（八一二）六月戊寅《ぼいん》条には次のようにある（以下、弘仁三年勅）。

勅すらく。国を経《おさ》め家を治むるに文より善きは莫《な》し。身を立て名を揚ぐるに学より尚《とうと》きは莫し。是を以《もつ》て大同の初め、諸王及び五位已上の子孫、十歳以上をして皆大学に入り、業を分かちて教習せしむ。庶《こいねがわ》くは拾芥《しゅうがい》磨玉《まぎょく》の彦《げん》をして環林《かんりん》に霧集《むしゅう》せしめ、呑鳥雕虫《どんちょうちょうちゅう》の髦《ぼう》をして璧沼《へきしょう》に風馳《ふうち》せしめんことを。而《しか》るに朽木《きゅうぼく》琢《みが》き難く、愚心移らず。徒《いたず》らに多年を積み、未《いま》だ一業も成さず。自今以後、宜しく前勅を改め、其の好む所に任せて、稍《や》やに物情に合《かな》うべし。

まず注目すべきは、大同元年勅が出された意図が明確に述べられている冒頭の部分である。「国を経む」は国家経営のことで、「経国」の語は良吏政治のキーワードである。「国を経め家を治むる」は、中国の古典の一つである『大学』にある「国を治むるには必ず先《ま》ず其の家を斉《ととの》う」あるいは「国を治むるは其の家を斉うるに在り」という文章に拠《よ》ったもの。「家を斉う」とは、一家の人々がそれぞれの徳をそなえることであり、すべての家、すべての人々が徳をそなえれば、自ずから国は治まるという教えである。

それを実践するのにもっとも大切なのは「文」（＝文章で自分の考えを明確に示す力）であり、立身出世をして名声を世間にとどろかすのにもっとも大切なのは「学」（＝学問の力）である、という。これは嵯峨天皇が強力に推し進めた良吏政治の根本理念そのものであり、同じ精神に基づいて平城天皇はいち早く皆学制《かいがくせい》を創めたのである。平城朝と嵯峨朝との間に断絶を見出だす傾向が強いが、平城朝の政治と嵯峨朝の政治が連続していたことがよくわかるだろう。

国家経営に文章力が必要だという点は、現代の我々からすると若干ピンとこないところがある。官僚に実務的な文章作成能力が必要だというのはわかるが、人々に感動を与える詩歌《しいか》を作る能力が官僚に必要かとなると、若干疑問符が付くだろう。実は、この当時にも詩人批判があった。いわゆる「詩人無用論」である。

高度な文化に基づく安全保障

しかし、少し時代は下るものの、菅原文時《すがわらのふみとき》（道真《みちざね》の孫）が村上《むらかみ》天皇に提出した上表文に「文章は王者の風俗を観《み》、人倫を厚くし、鬼神を感ぜしめ、教化をなす所以《ゆえん》なり」とあり、文章力の必要性を強く主張している（『本朝文粋《ほんちょうもんずい》』巻二意見封事《いけんふうじ》の天暦十一年〈九五七〉十二月廿七日付の「意見封事三箇条」の「鴻臚館《こうろかん》を廃失せずして遠人を懐《なず》け文士を励ますを請う事」）。この上表文は、外交施設である鴻臚館の荒廃を嘆いて、その復興を求め、そこを舞台とした文士の活躍を期待するものだった。右の文章に続けて「翼無くして飛び、脛《はぎ》無くして至る。敵国之《これ》を見て、智《ち》者《しゃ》有るを知り、故に憚《はばか》りて侵さず。殊俗《しゅぞく》之を聞きて、賢人有るを覚り、故に畏れて自づから服す」と述べられている。

つまり、国家として高度な文化を誇ることによって、相手国から侮られることはない。相手国は侵略することなど考えず、むしろ尊敬・憧憬の対象となる。日本からすれば、理想的な外交関係だろう。現代で言えば、核ミサイルなど持つ必要はない。核ミサイルを迎撃するミサイルシステムを配備する必要もない。日本の文化を高めることに努めてさえいればよい、ということである。もちろん、誇張した言い方だが、真実である。

こうした状況を実現するのが「文」なのであり、だからこそ、官僚たち（官人たち、貴族たち）は「文」を身に付けるべく努力しなければならない。これが菅原文時の主張である。『大学』には「其の家を斉うるは、其の身を修《おさ》むるに在り」ともある。「身を修むる」の内容は少しずれるのだが、一人ひとりが能力を高めるという意味に取っておきたい。

そのような「文」を重んずる政策の第一歩が平城朝の大同元年勅なのである。次から文章の色調が変わって、むつかしい語を連ねた文章だが、ここからも大同元年勅の具体的な政策内容が窺える。「拾芥磨玉の彦をして環林に霧集せしむ」と「呑鳥雕虫の髦をして璧沼に風馳せしむ」は、ほぼ同じ内容を繰り返したものである。

大学皆学制の行き詰まり

様々な若者が大学に集い、そこから優秀な人材が多く輩出されることを願って、一〇歳以上のすべての貴族の子弟を大学に入れたのだが、全員が入学するとなると、正直に言って、学生にもピンからキリまでいる。プラスの意味を持つ「磨玉」・「呑鳥（＝呑鳳）」がピンで、マイナスの意味を含んだ「拾芥」・「雕虫」がキリを象徴している。「環林」と「壁沼」はいずれも大学を指す。若者が自由闊達《かったつ》な雰囲気の中で切磋琢磨《せっさたくま》し合い、才能にあふれた人々はさらに才能を伸ばし、才能のない人々もそれに刺激を受け感化されて、それなりの水準に達することが期待されたのだろう。

しかし、現実はそう甘くはなかったようである。才能のない者たちが何年間も大学で勉強したところで、何の成果もあがらないという。「玉」は磨けば光るのだが、「朽ちた木」はいかんともしがたいと言う。身も蓋もない言い方だが、これが実情に近かったのだろう。皆学制が試みられてからまだ六年しか経っていないことからすれば、見限るのが少々早い気もするが、嵯峨天皇はこの判断に基づいて、大同元年勅の皆学制を改めて、向学心に燃える者だけが大学に入るようにせよと命じたのである。

大学制度にみる平安時代への変化

淳和朝になると、ふたたび皆学制が復活する。天長元年（八二四）に公卿たちに意見を求めた際、参議多治比今麻呂《たじひのいままろ》の提案に応えるかたちで、淳和天皇は二〇歳以下の者を全員大学に入れることとした（後掲同年太政官符。以下、天長元年官符）。ここでは今麻呂の奏言だけを掲げる。

一　諸氏の子孫をして咸《ことごと》く経史《けいし》を読ましむる事

右、参議《さんぎ》従三位《じゆさんみ》多治比真人《まひと》今麻呂の奏状を検づるに称わく。緬《はる》かに古典を尋ね、歴《あま》ねく前王を覧《み》るに、賢を求むるに労《つと》めて、国を経むるを逸《たの》しむ。伏して望むらくは、諸氏の子孫咸く大学寮に下して、経史を習読せしめ、学業用に足らば才を量りて職を授けんことを者《てへり》。宜しく五位以上の子孫で年廿已下の者は咸く大学寮に下すべし。

最初の部分は、要するに、中国の古典に記された理想の時代には、有能な人物を採用して国家経営に努めていたと言っている。そして、それを受けての提案として、貴族の子孫をすべて大学に入学させ、中国の古典（四書五経）や史書を学習させ、学業が一定水準に達すれば、各人の才能の向き不向きを考慮した上で、適任のポストに任官させるようにと言っている。「者」までが今麻呂の奏言である。

弘仁三年勅では、事実上、大学に行きたくない者は行かなくてよいとしたが、おそらくその措置によって、就学者が激減したのではなかろうか。そのため天長元年官符では、弘仁三年勅を破棄して、あらためて大同元年勅の制を復活するよう提案しているのだろう。

最後の部分が淳和天皇の最終判断である。ひとまず（大同元年勅が命じる通り）該当者を全員入学させることとした上で、二〇歳以下に限っているのは、二〇歳までに学業を終了できない者に関しては、(弘仁三年勅の判断を尊重して)それ以上の就学をあきらめて退学させることとしたという意味と考えればよいのだろう。

大同元年勅は『弘仁格抄《こうにんきゃくしょう》』式部省式上に見られるから、弘仁格に載録されたことは間違いない。弘仁格とは、桓武朝に始まったものの中断した格の修撰事業を嵯峨朝に再開し、弘仁十一年(八二〇)に撰進したものである。ただ、補正作業が続けられて、天長七年(八三〇)にいったん実施され、承和七年(八四〇)に最終的な改訂版が施行された。大同元年勅は弘仁十一年段階の採録は微妙ながら、天長七年か承和七年の段階で採録されたものと思われる。

皆学制は平安前期を特徴づける〈潮流〉と考えてよいのだろう。ただし、延喜式に同様の規定がない。この時期は平安前期から平安中期に〈時代の潮流〉が変わる変わり目に当たることを考えれば、大学の役割に対する評価がすでに低くなっていたことを物語っているのだろうか。ともかくも、平城・嵯峨・淳和朝における以上のような動きによって、官人たちのあり方が奈良時代的なものから平安時代的なものへと完全に変わった。そして、平安時代的な官人たちのあり方を規定するものこそ、嵯峨天皇が目指した良吏政治なのである。節を改めてその具体像を検証しよう。

良吏政治の実践

有能な官人を抜擢

桓武天皇は、四半世紀の在位を通じて実績を積み重ねることによって、絶大な権威権力を手に入れた。平城天皇は、実績が何もないにもかかわらず、桓武朝以上の改革を行なおうとし官僚たち（官人たち）の信頼を失った結果、薬子の変ですべての権力を失った。薬子の変は、嵯峨天皇の側から見れば、「二所朝廷」と称された不安定な政治状況を、最終的に自身の決断によって解消することに成功した営為だった。

これによって嵯峨天皇は、わずか即位から一年半たらずで桓武天皇並みの権力を手に入れる。もちろん、実績と呼べるような政策もまだ実現しておらず、年若い嵯峨天皇は、官僚たち（官人たち）から十分な信頼を勝ち得たわけではないものの、自らの思い通りに国政を運営できるような環境が整ったと言ってよい。

しかし、嵯峨天皇は光仁・桓武両天皇のごとく自ら国政の先頭に立とうとはしなかった。基本的な政治方針は嵯峨天皇の構想なのだろうが、有能で信頼できる官人たちを抜擢し、彼らに自由にその手腕をふるわせ国家運営を委ねた。すなわち、これが嵯峨朝政治の特徴であり、延いてはこの政治方式が「摂関政治」と呼ばれる平安時代的な政治を出現させる。

図２　嵯峨天皇御影（宮内庁所蔵）

有能な官人の抜擢は光仁朝・桓武朝から見られた。光仁天皇は前述したように、人生の前半は当時の政府からは距離を置いた状況にあった。桓武天皇の生母である高《たか》野新笠《ののにいがさ》は帰化人《きかじん》系の氏族の出身である。日本よりも朝鮮半島の方が文化的に高かったことは間違いなかったものの、このような氏族は高い能力を持ちながらも政治的には不遇で、中級貴族の地位に甘んじていた。光仁天皇はこのような中級官人たちと触れ合う環境にいたのであり、自然と彼らの登用に積極的だった。さらに、桓武天皇は母を通じて帰化人系の血が流れているから、彼らに親近感を持ち、彼らの能力を愛して積極的に抜擢したのである。

嵯峨朝の文人貴族

律令国家は本来能力主義なのだが、奈良時代を通じて国家が発展し社会が安定してくると、貴族の家柄が重視されるようになる。そうなれば、中級官人たちの活躍の場が狭くなり、昇進に限界が見えはじめる。こうした閉塞した政治状況を打開し、本来の能力主義に戻して政治をふたたび活性化させたのが光仁天皇と桓武天皇なのである。

こうした延長上に嵯峨天皇の政治があるのだが、天皇の皇子として生まれた嵯峨天皇は生まれながらの貴公子だったから、光仁天皇や桓武天皇のように中級貴族たちに対して特別に親近感を持つようなことはなかった。純粋に嵯峨天皇は、（家柄による差別なく）すべての官人たちに様々な面で才能を要求したのであり、それに積極的に応えたのが中級官人たちだったのである。

まず、自身が教養あふれる貴族だったところから、嵯峨天皇は官人たちに貴族としての教養を要求した。すなわち、漢詩や和歌や管弦である。平安時代の初めころは天皇の主催で盛んに宴会が催され、官人たちはそこで漢詩や和歌や管弦の腕前を競っていた。それは天皇や他の官人たちに自らの才能を認めてもらう絶好の機会だった。桓武天皇は根っからのパーティー好きだったようだが、そのようなことはあまり好きではないと思える平城天皇も定期的に宴会を催した。宴会が有能な官人たちを発掘する場だということをよく理解していたからである。

嵯峨朝から次の淳和朝にかけて『凌雲集《りょううんしゅう》』・『文華秀麗集《ぶんかしゅうれいしゅう》』・『経国集《けいこくしゅう》』という漢詩文集が編まれた。先に述べたごとく、「経国」というキーワードが漢詩文集の名として登場する。また、『凌雲集』の序文には「文章は経国の大業なり」という中国・魏《ぎ》の文帝《ぶんてい》の言が引用されている。魏・蜀《しょく》・呉《ご》の三国時代の魏で、邪馬台国《やまたいこく》の女王卑弥呼《ひみこ》が使を送った魏である。その魏の皇帝が、国家経営に携わる貴族は文学的才能を身につけていなければならないと言っているのである。嵯峨天皇は官人たちにその実践を求め、彼らもそれに応えたのであり、そのような彼らを「文人貴族《ぶんじんきぞく》」と呼ぶ。

官人たちにはまた官僚としての能力も要求され、その基礎となるのは学問だった。ここに大同元年勅・弘仁三年勅・天長元年官符を貫く学問奨励の精神がある。貴族たち（官人たち）もこれに応えて、勧学院《かんがくいん》を藤原冬嗣《ふじわらのふゆつぐ》が（自分の財力をもって）創設したのをはじめ、和気《わけ》氏の弘文院《こうぶんいん》、橘《たちばな》氏の学館院《がっかんいん》、在原《ありわら》氏の奨学院《しょうがくいん》など、大学別曹《だいがくべっそう》（＝衣食住を提供する一種の寄宿舎）と呼ばれた一族の子弟のための教育機関が作られた。また、菅原氏の菅家《かんけ》廊下《ろうか》など文章博士《もんじょうはかせ》の私塾も開かれて、多くの門下生が養成され、官僚機構に有能な官僚たちが供給されていった。

淳和朝緒政は良吏の抜擢

こうした学問を重んじる空気の下で、家柄にかかわらず多くの才能ある官人が官僚機構に配置され、そこで能力を発揮して認められ、より高位で重要な官職に昇っていった。「良吏政治」とは、そのような有能な官僚による政治のことなのである。天長元年（八二四）に出された太政官符（『類聚三代格』巻七公卿意見事に所収）には、有能な官人を諸国の守《かみ》・介《すけ》に任じ、その中で顕著な業績を挙げた者を公卿に抜擢しようという提言が見られるが、これこそ良吏政治の基本だった。その内容を丁寧に見ていこう。

太政官符す

一　良吏を択《えら》ぶ事

右、右大臣の奏状を検づるに称わく。臣聞くならく、賢を登せて任を委ぬるは化を為《な》すの大方、官を審《つまびらか》にし才を授くるは国を経むるの要務なり。今諸国の牧宰《ぼくさい》或いは治化を崇修しこれを風声に樹《た》てむとせば、則《すなわ》ち法律に拘《かかわ》り馳騖《ちぶ》するを得ず。郡国の殄瘁《てんすい》職《もと》より此《こ》れ之に由《よ》る。伏して望むらくは、妙《くわ》しく清公美才を簡《えら》び、以て諸国の守・介に任ぜんことを。其れ新たに守・介を除さば、則ち特に引見を賜《たま》ひ、治方を勧喩し、因りて賞物を加えむ。既にして政績著るしきもの有らば寵爵《ちょうしゃく》を加増し、公卿に闕《けつ》有らば随ひて即ち擢用《てきよう》せむ。又経《のり》に反し宜しきを制し、勤めて己の為《ため》ならざれば、将に寛恕《かんじょ》に従ひ文法に拘ることなかれ者。奏に依れ。

（中略）

以前、意見奏状、今月八日の詔書に依り頒下すること件《くだん》の如《ごと》し。

天長元年八月廿日

天長元年は淳和天皇が嵯峨天皇から譲位された翌年で、淳和天皇は自分の治世のスタートにあたって政治方針を象徴する目玉的な政策を行なおうとしたものと思われる。そこで公卿たちに意見を募り、その中でこれはと思った政策を実施したのだろう。

ここでは省略したが、六つの意見が採用になっている。そのうち最初の三つは太政官筆頭の右大臣である藤原冬嗣の提案である。そして、残りの三つが政権ナンバーツウの大納《だいな》言《ごん》藤原《ふじわらの》緒嗣《おつぐ》と中納言《ちゅうなごん》良岑安世《よしみねのやすよ》と参議多治比今麻呂の提案だった。このうち、多治比今麻呂の提案は先に取り上げた。当然のことながら、政権筆頭の藤原冬嗣の提案が多く採用されているが、大納言・中納言・参議の提案も採用されており、偏りがないように配慮されでいる。

法治国家の限界を指摘する奏状

さて、藤原冬嗣の奏状を見ていこう。右大臣の藤原冬嗣の奏状を見てみると以下のようにあった。「臣」は一人称の代名詞である。私が思いますに、有能な人材を登用し一定の役目を委ねることは、立派な国家を作るための王道のやり方です。「化を為す」が訳しにくいが、化は文化の化で、国を文化的な国家にするというような意味である。そして、それぞれの官職の役割・特性を正確に理解し、その官職に適任の才能を持った官人を任ずることは、国家経営にとって必要不可欠の務めです、と。

多治比今麻呂も同じようなことを述べていた。この時期の官僚たちの共通した認識なのである。そして、弘仁三年勅にあった「経国」というキーワードがここにも見えている。実は、先にふれた菅原文時の上表文にもあった。すなわち、すべては良好な国家経営をいかに実現するかということが、この当時の天皇と官人たち（貴族たち）の共通した唯一最大の懸案なのである。

このような認識を前提に現状を述べる。いま諸国の国司たちの中には文化的な治世の価値を理解しそれを実践して名声を得ようとする者がおりますが、何か具体的に施策を行なおうとすれば即座に法律に抵触し、結局何もできません。地方が衰退の一途をたどっている原因・元凶は正にこれなのです、と。国司が「牧宰」と表現されているのは、天皇への奏状だから、中国の古典を用いた荘重な文章で綴《つづ》られているからである。

国司たちは、嵯峨天皇が目指し淳和天皇が引き継いだ国家統治のあり方をよく理解しており、それを実現することで名声が得られることも知っている。名声は評価に繋がり、高い評価はすなわち昇進に直結している。つまり、国司たちは高位高官に昇ることを求めているのであり、そのためによい地方統治を実現しようとしているのである。

国司たちが名声を得ようとしていることに対しては、非常に現実的だという感じを受けるかもしれないが、実際にそうなのである。きれい事を並べただけでは政治は決してよくならない。嵯峨天皇や淳和天皇に対する忠誠心から、天皇が理想とする政治を実現しようとしているわけではない。また、ボランティア精神から徳のある政治を実現しようとしているわけでもない。良好な行政の実践が自らの業績・評価に繋がり、それが昇進というかたちで自分に返ってくるからこそ、仕事に精力を注ぎ込んでいるのである。

また、何かをやろうと思うと法律に抵触して動きが取れないというような状況は現代でもよく見られる。もちろん、法はそれぞれに理由があって作られたものだが、惹起《じゃっき》する問題は様々であり、状況が少し変われば従来の法が足枷《あしかせ》にしかならない。東北大震災からの復興が遅々として進まないことを思えばよくわかろう。ただ、そう主張しているのが現に政権を担当している右大臣藤原冬嗣という点が非常に面白い。右大臣でさえも、法は万能なものではない、法は遵守すべきだと建前を掲げただけでは、物事は何もよくならないということを明確に理解しているのである。

国司たちのモチベーション

この現状認識をふまえて、藤原冬嗣は次のように提案する。清廉で有能な人材を慎重に選んで諸国の守や介に任じ、新任の守や介を任じた場合には、特別に天皇が自ら引見し、地方統治についてあれこれと言葉をかけて、（励ましの意味をこめて）位階を授けたり物を賜ったりして下さるように。そして、任が終わった段階で業績が著しければ位階を昇進させ、公卿に欠員があった場合には抜擢するように。また、現行の法に反する施策を行なっても、それが私利私欲によるものでなければ、大目に見て法律通りの罰則を適用するようなことがないように、と。

つまり、有能な人材の登用が第一なのである。守と介は官長といって、その国の政務全般を責任者として決裁できる地位だった。そこで、期待する有能な人材を守や介に任じた場合は、天皇がわざわざ内裏に召して言葉をかけてやれという。天皇からそのような特別な扱いを受ければ、モチベーションはいやがうえにも高まるだろう。その上さらに昇進させたり賜物せよという。天皇の期待がいかに大きいかを示せと言っているのである。また、実際に顕著な業績をあげれば、昇進でこたえ公卿への抜擢の道も考えてほしいとまで言っている。

現状の問題点を十分理解し、良吏政治の実践がそれらを解決するカギだということを主張する。国司に任じられる官僚たちにしてみれば、能力を発揮し認められれば高位高官も夢ではないと思えば、自然と仕事に対する意欲もわいてくる。中央政府も中堅どころの官僚たちが目の色を変えて職務に取り組むようになり、それが官僚組織全体に活力をもたらし、良好な国政運営が行なわれることとなる。政府中枢の官僚たちも自ら地方行政経験があれば、当然、地方に対する中央政府の施策も従来とは異なったものが出てくるのであり、これがさらに国政運営を活気あるものにしていく。

最後は、現行法を無視した施策を行なっても、そこに私利私欲がからんでいなければ、杓子定規《しゃくしじょうぎ》に罰するようなことはしないようにと要望している。極論すれば、法を守ることだけが正義ではないと言っているのである。もっとも重要なことは、良好な地方統治を実現し、民衆に豊かな生活をもたらすことである。そのために時として現行法に抵触するような政策を実施することもありうると言っているのである。民衆の生活が豊かになれば自然と租税も増え、国家財政も豊かになっていくだろう。国家が豊かになるというのは、そういうことでなければならない。

官僚の法認識と法令集編纂

念のために言っておくと、当時の官僚たちが法を軽視していたわけでは決してない。法は国家秩序・社会秩序の枠組みを形作る重要なものである。そのことは彼らもよくわかっていた。嵯峨朝には弘仁格式《こうにんきゃくしき》が編纂され、淳和朝には令義解《りょうのぎげ》が編纂されている。弘仁格式は、先にもふれたごとく、桓武朝に格式の編纂が始められたものの、(桓武天皇が没したためか)中断されたままになっていたものを、嵯峨朝に入ってふたたび編纂作業を始め完成させ、さらに改訂作業が淳和朝・仁明朝で続けられた。これを見ても法の整備にどれだけの情熱が傾けられたかが想像できるだろう。また令義解は、現行の養老令《ようろうりょう》に関する政府の解釈を明らかにしたものであり、これ自身が淳和朝時点での現行法とも言えるものだった（ただし施行は仁明朝の初め）。

さらに、淳和朝の年号を冠するものとして天長格抄《てんちょうきゃくしょう》がある。天長格抄は後に散逸して逸文しか伝わらないため詳らかにはわからないが、『日本後紀』編纂の際に収集した法令を部類してまとめた法令集である。これを見れば、桓武朝後半から淳和朝までに発された法令が即座にわかる「すぐれもの」であり、官僚たちにとって身近に置いておけば便利な書だったことだろう。これを見ても、当時の官僚たちの法に対する意識の高さが理解できるだろう。

宣帝のめざした地方統治

藤原冬嗣のこの提案は、実は、中国の正史である『漢書《かんじょ》』循吏伝《じゅんりでん》に見られる宣帝《せんてい》の言葉の内容をほぼそのまま採用したものである。

（宣帝）常に称して曰《いわ》く「庶民の其の田里を安んじて歎息愁恨《たんそくしゅうこん》の心亡き所以は、政平らかに訟理あることとなり。我と此を共にするは、其れただ良二千石《りょうにせんせき》か。以為《おも》へらく、太守は吏民の本なり。数《しば》しば変易せば則ち下《しも》安からず。民其の久しからむを知らば、欺罔《きぼう》すべからず、乃《すなわ》ち其の教化に服従す。故に二千石治理の効有らば、璽書《じしょ》を以て勉励し、秩を増し金を賜ひ、或いは爵関内侯《かんないこう》に至り、公卿欠くれば則ち諸もろの表する所を選びて次《ついで》を以て之を用う。」是の故、漢世の良吏、是に於《お》いて盛んと為る。中興《ちゅうこう》と称したり。

宣帝は、秦《しん》（始皇帝《しこうてい》の秦）の瓦解後、約二〇〇年間にわたり君臨した前漢王朝中盤の皇帝である。倭《わ》の奴国王《なこくおう》が使を使わした、あの前漢である。紀元前のこの時代にすでに良吏政治が実践されていた。彼我の文化水準の差がいかに大きなものだったかが実感されよう。それはともかく、宣帝は常に以下のように言っていたという。

民衆が安心して農業に勤しみ、嘆いたり愁いたりするような心境にならない根本は、政治が公平に行なわれ、理にかなった訴訟（「訟」とは財をめぐる争いをいう）が行なわれることにある。皇帝である自分とともにこのような政治を実現する者は良二千石である。良二千石とは中央政府から派遣され地方統治を行なう官僚のことで、日本の国守に相当した。官職名で言えば次に出てくる太守がそれである。その太守は吏民の根本だという。太守が短期間で遷任を繰り返すような状態であれば、地方統治も覚束《おぼつか》ない。民衆はその太守がある程度長期にわたって在任することがわかれば、ごまかすことはできないと思い、その統治に服する。

したがって、太守の地方統治に業績が上がれば、詔勅を発給してさらに良好な統治を実現するよう励まし、昇進させて賞与を賜《たま》い、もし爵位が関内侯に至ったら、公卿に欠員が生じた時には上表を選んで順序に従ってこれらの人々を登用していくと言っている。皇帝の政治方針がこのように明確にされたことによって、漢代の良吏の活躍が盛んになり、これによって宣帝の時代が後世「中興」と賞讃されるようになったのである。

つまり、宣帝の時代のこの政治が「良吏政治」のモデルなのである。また、冬嗣の提案の最後の部分で、従来の法規に抵触しても臨機応変の政策を優先させようと言っているのも、五経の一つである『周易《しゅうえき》』や『後漢書《ごかんじょ》』の記事とその注釈がネタ元である。それではこれが〈学問のための学問〉に基づく机上の空論かというと、決してそうではない。これらの思想が良吏政治の思想そのものなのであり、その実践を徹底しようと提案しているのである。

中央集権から地方分権へ

地方行政の側から見ても、桓武朝で、国司たちに職務の励行を命じたり、調《ちょう》庸《よう》貢《こう》納《のう》のチェックを厳しくしたのは、極言すれば、国司たちに良好な地方行政を実現しようという意欲が欠けていたためだった。一方、良吏政治にあっては、国司たちは積極的に自らの職務に取り組み、その中から様々な提言を中央政府に行なった。そうなれば、中央政府は地方行政にあまり干渉せず、意欲ある有能な国司たちに地方行政を委ねた方が合理的である。中央政府主導による地方行政は隔《かっ》靴《か》掻《そう》痒《よう》の感があり、どうしても対応が後追いになってしまうからである。また、有能な官人に行政を委ねるという方式は嵯峨天皇の政治手法にも適っていた。

これは現代的な言い方をすれば地方分権の推進（＝中央集権からの脱却）である。そもそも、律令国家は中央集権国家だった。七世紀の日本が律令国家の建設に邁進《まいしん》したのは中央集権的な国家体制を構築し、それによって実現された安定した国家・社会の下で、飛躍的な発展を遂げるためだった。その観点からすれば、国家のあり方を大きく変える大転換だったと言えるだろう。そして、この動きは後に受領《ずりよう》請負制《うけおいせい》と称される平安時代の地方政治のあり方に繋がっていく。

藤原冬嗣のこの提案についての淳和天皇の最終判断は「奏《そう》に依《よ》れ」だった。つまり、この提案を修正することなく、一〇〇パーセント採用しようということである。淳和天皇も良吏政治の有効性を理解しており、その実現に並々ならぬ意欲を表明したのである。

困難な国司の人材確保

ただし、良吏政治はたやすく実現されたわけではない。天長元年官符に中納言良岑安世の提案があった。安世は桓武天皇の皇子で、桓武朝ですでに皇籍を離れ、一般貴族たちに混じって公卿にまで昇進した人物である。大臣には昇らなかったものの、ポジション的には桓武朝の神王（桓武天皇の従兄弟、政権担当の右大臣）を襲い、また仁明朝以後の源氏に繋がる人物である。ここでも提案の部分のみを掲げる。

一　国守《こくしゅ》を択ぶ事
国守は古《いにしえ》の刺史《しし》なり。仁に当たるの人多く得べからず。伏して望むらくは、ひとりの良守《りようしゆ》をして諸国を兼帯せしめ、小大の政その請うところに従ひ、一両の僚属《りようぞく》亦請うに依りてこれを任ぜんことを。又禄《ろく》厚からざれば則ち人勧めず、人勧めざれば則ち治立たず。伏して望むらくは、其の公廨《くがい》は摂国の中その殷阜《いんぷ》なるものを択びてふたりの守の分を以て給はんことを者。宜しく一国に於いて試み明らかに治否を知り、然る後に之を兼ねしむべし。

国守とは古い時代で言えば中国の刺史に当たります、という。刺史は、前漢代に設置された当初は複数の郡（＝地方の行政単位）を監察する監察官で、先出の太守の働きをチェックする役割だった。宣帝のころにはすでに地方行政官になっているのだが、安世が国守を非常に高い地位、重要な官職ととらえているところからすれば、当初の監察官と受け取った方がよいのかもしれない。つまり、それを日本に引き移せば、国守は郡司《ぐんじ》たちの働きぶりが中央政府の期待にかなっているかどうかをチェックする重要な役職であると安世は言いたいのだろう。

安世は、そうした国守の任に適した人材はなかなか得がたいのが現状であると分析する。その上で、有能な国守に数国の守を兼帯させ、様々な行政上の問題は彼の判断を尊重して処理することとし、また一・二人の国司下僚を彼の申請によって任命するよう提案する。国守に任じられるのは、大半が五位の官人たちである。五位の官人が当時の政府に何人いたか正確なところはわからないが、数百人単位でいたことは間違いないだろう。一方、当時国（嶋を含む）は六八だった。三ヵ国の守を兼務するとすれば二三人、四ヵ国ならば一七人必要となる。つまり、能力がありやる気にあふれた人材がたった二〇人くらいしかいなかったことになる。すでに嵯峨朝の一五年間で良吏政治を実践してきたはずの天長元年の時点で、この「ありさま」なのである。

国司の報酬

安世はまた、地方行政を良好に行なうに際しての留意事項として相応の額の俸禄《ほうろく》を与えることを提案する。俸禄が少なければ、人は働く気にならない。人が働かなければ、良好な地方行政を実現できるわけがない。だから、兼務した国の中で財政の豊かな二国の守の俸禄を与えるように、と言っている。人が一生懸命に働くのは、それに見合った報酬があればこそと言うのである。なんと現実的なものの見方だろうか。しかし、おそらく安世のこの見方は当を得ているだろう。官人たちを働かそうと思えば、政府もそれなりのものを彼らに与えなければならない、実に冷静な分析である。

もちろん、律令国家がスタートした時から、あるいはそれ以前から官人に対する俸禄は存在した。俸禄の根底にある思想が比較的よくわかるのは大化改新詔《たいかのかいしん》だと思う。大化改新詔は後世の修飾が言われるが、ここで取り上げる部分は令文に類似したところもなく、ほぼ文章通りに意味を取ってよいと思う。

大夫《まえつきみ》は民を治めしむる所なり。能くその治を尽くさば、則ち民は頼《やす》し。故にその禄を重くするは、民の為にする所以なり。

大夫とは律令国家の時代の五位以上に相当する。ちょうど国守に任じられる階層の官人たちも含まれる。彼らは民衆の統治を担う官僚たちである。そして、彼らによる民衆の統治が良好であれば、民衆は安心して日々の生活を送ることができる。だから、彼らに与える禄を多くするのは、結局は民衆のために行なうことなのだ、と言う。

ここにはまず天皇による民衆統治があり、大夫たちは天皇（君主）の手足（臣下）として天皇の統治の一端を担うという構造がある。大夫たちは本来支配民を有する王（豪族）だった。王の本質は民衆を統治する者である。大夫たちが民衆統治に長《た》けているのは当然だった。だから、大夫たちが能力をいかんなく発揮し、よりよい民衆統治が実現されるためには、大夫たちを優遇し、やる気を起こさせなければならない。だから、大夫たちに与える禄が十分である必要があるのだと言っているのである。

能力本位の勤務査定システム

良岑安世の提案に示された禄のあり方とよく似ているようだが、平安前期の国守たちに王の性格はない。民衆統治が業績となり、それが評価に繋がって昇進に結実するというビジネスライクな構造があるだけである。大化の大夫たちは天皇のよりよい統治実現の手助けをするために働いている。そこには徳治の思想や君臣関係に基づく奉仕の精神が感知できる。天皇から賜う君恩が厚ければ、大夫たちは感激して天皇に対する奉仕――それは具体的には天皇のよりよい統治実現の手助けに他ならない――に励むという構図である。それに対して、平安前期の国守たちは完全な能力主義を基本とする勤務査定のシステムに基づいて働いている。国守としての働きに対する労働対価としての俸禄である。それはまるで現代のサラリーマンのようであり、両者の間には極めて大きな質的差異が存在する。

以上のような良岑安世の提案に対する淳和天皇の最終判断は、まず一国を任せて良好な統治が実現しているかどうかを確認して、実際に業績が上がっていると認められれば複数の国の統治を兼務させよ、というものだった。つまり、提案の内容がかなり過激なものだったため、即座に実施に移すのはためらわれたものの、提案の前提にある現状認識の正しさと政策の有効性は十分理解できたということだろう。

地方政治を委ねるに値する人材は約二〇人しかいなかったと考えざるをえない。少なくとも安世はそう理解していたし、淳和天皇もそれを認めた。多くの官人がいながら、七〇人弱の国守の定員を満たすだけの有能でやる気のある人材がいないというのは、何という悲劇的な状況だろうか。しかしそれが現実だった。中央政府にも有能な五位の官人が必要だからといっても、悲惨な状況に変わりはない。

ただ、人数は少なくても、そのような人材が各国の守に任じられ意欲をもって政治に臨めば、周囲の国守たちもそれをただ傍観しているわけにはいかない。これまでは、特に目立つ失敗がなければよかったのが、これからは、特段の功績がなければ何を怠けているのだと叱責されるようになる。彼らと比較され怠けていると言われないように、それなりに頑張らなければならなくなるし、頑張るはずである。おそらく、そうしたわずかな変化が積み重なることによって良吏政治が本当の意味で実現していくのだと思う。

官人たちの平安時代的な転換

平安時代になり、官人たちのあり方が変わった。それは光仁・桓武両天皇が、奈良時代の天皇のように神話に彩られた権威をまとった存在であり続けることができなくなった結果、天皇と官人たちとの関係性が変質せざるをえなかったからでもある。それと同時に、平安京への遷都によって前代からの本拠から完全に切り離された官人たち（貴族たち）は都市貴族として自分たちを定置し、国家の支配者層たることを目指した。

続く平城・嵯峨・淳和朝で、天武朝で規定された天皇への忠誠心に基づく国家への奉仕と、それに依拠した（支配者層の一員という）地位の確保という構造が、すでに無実化しつつあった状況を明確に理解して、その維持・継続を放棄することを決断し、それに代わる基礎構造を官人としての能力に求めたのである。嵯峨朝で若干の政策上のぶれは見られるものの、この三朝を通じて官人たちのあり方は完全に変化を遂げた。

平安京遷都によって都市貴族となった彼らは、前代からの本拠を喪失した結果、立脚するところが国家の支配者層ということしかなくなった。そのため、国家の運営主体の一員という意識が強くなり、極端な言い方をすれば、天皇を国家運営のパートナーと見做すようになったと考えられる。忠誠心をもって神のごとき存在と仰ぎ見ていた前代の状況とはまったく異なった関係性である。

また一方では、良吏政治の下で嵯峨天皇に向上を強いられた自分たちの能力に自信を持ったことも手伝って、国家運営に関して確固たる主体性と責任感を持った。これによって、彼らは天皇の尊貴性は認めながらも、天皇に対して国家の君主たるに相応《ふさわ》しい存在であることを要求した。それがまた、天皇と官人たち（貴族たち）との関係性を変化させるのである。

天皇大権のゆくえ

淳和朝・仁明朝の政治状況

官僚機構の成熟と派閥形成

嵯峨《さが》天皇の政治は、桓武《かんむ》朝の〈新しい国家を作る改革〉を引き継いだものだった。嵯峨天皇が官人たちに貴族としての教養を求めたというのも、もうワンランク上の国家を目指しての、国家の文化水準をもう一段高めるための営為に他ならなかった。良吏《りょうり》政治が花開いて実を結び、国家は発展して新しいステージに昇っていった。

先に取り上げた弘仁格式《こうにんきゃくしき》の編纂（法制の再整備）以外にも、朝廷の儀式の再整備が行なわれた。儀式は国家のあり方を象徴的に示すものだったからである。新しいステージに昇った国家の体制を盤石なものとするために、唐《とう》・玄宗《げんそう》が作った『大唐開元礼《だいとうかいげんれい》』をモデルに儀式次第をマニュアル化し、『内裏式《だいりしき》』や『儀式《ぎしき》』を編纂した。

また官制においては、蔵人所《くろうどどころ》や検非違使《けびいし》という、後に極めて重要な組織となる令外の官を新設した。蔵人所も検非違使も、成立当初の組織内容について詳らかでないところがあるものの、蔵人所は、平安中期以後、太政官《だじょうかん》（＝官方）に対して「蔵人方」と呼ばれるほど、国政運営において重要な機能を果たしたし、検非違使は、（弾正台《だんじょうだい》や左右京職《さうきょうしき》に代わって）京中の治安維持を一手に担った。

さらに太上天皇《だじょうてんのう》制については、自らが同母兄の平城《へいぜい》天皇と争った薬子《くすこ》の変の悲劇を繰り返さないために、自らの譲位に際して太上天皇の位置づけを再設定し、天皇のみが（君主として）官僚機構の上に君臨し国政を運営する体制を整え、太上天皇は国政運営には関与しないこととし、実際にも、淳和《じゅんな》天皇や仁明《にんみょう》天皇の国政運営に口出しししなかった。

こうして理想的な展開で国家・社会の発展をもたらした良吏政治は、つまるところ、天皇の決裁権の行使を抑制して、官僚たち（貴族たち）に従来にない大きな裁量権を付与し思う存分辣腕を振るわせる政治だった。このことから、〈時代〉は思わぬ方向に動きだすのである。

嵯峨太上天皇が存命の間は、嵯峨太上天皇の威光が国政全般を覆い、その中で、淳和天皇あるいは仁明天皇を頂点に国政が動いていた。淳和朝の国政運営には淳和天皇の個性が反映され、嵯峨朝とは色合の異なる面もあったし、個々の官人たちに対する評価も微妙に違ったものになり、それが昇進にも影響を与え、また、同様の変化は仁明天皇の即位にともなってもも見られた。

したがって、官人たちの中には自らの評価・処遇について不満を持っていた者もいただろうし、それにより官人たちの中に嵯峨派（→仁明派）・淳和派の色分けが自然にできてきたと思われるが、嵯峨太上天皇の存在により政治秩序が安定していたため、官人たちも与えられた条件の下で認められるよう頑張るしかなかった。

淳和朝・仁明朝では、淳和天皇もしくは仁明天皇の評価によって官人たちは昇進した。つまり、桓武朝・嵯峨朝と状況は同じであり、官人たちは天皇に認めてもらおうと頑張ったのであり、そこから（嵯峨太上天皇の存在は別格として）淳和天皇もしくは仁明天皇に対する忠誠心――先にふれた、天武朝に要求された忠誠心とは少し異なるが――が生まれてきた。だから、この時代の政治は天皇を中心に回っていたのである。

ただ、仁明朝の後半期には（嵯峨朝から実力を蓄え続けていた）官僚機構が自立した組織として機能するようになっていた。個々の官人たちの能力が高まり、官僚機構が成熟した組織になるのは望むべきことだが、その官僚機構をコントロールするには、天皇にも相応の能力が要求される。ただ、官人たちは官僚機構の中でもまれて鍛えられたが、天皇には自分を鍛える方法がなかった。もちろん、仁明天皇は嵯峨天皇を見て帝王学を学んだのだろうが、充実した官人たちを押さえ込む腕力を鍛える方法はなかったのである。

顔見知りの政治 —藩邸の旧臣

嵯峨天皇の譲位をうけて淳和天皇が即位した時期の状況を具体的に考えてみると、先に述べたように、嵯峨太上天皇は政治に口出しをしないと宣言し、その通りの姿勢を堅持したから、淳和天皇はただ一人の君主として自分の思うような政治が行なえた。もちろん、それは嵯峨朝の政治を否定するようなものでは決してなく、実際に国政運営を担当する公卿たちも嵯峨朝のメンバーを引き継いだものだった。

しかし、淳和天皇が目指す政治と嵯峨朝の政治とでは微妙に異なるのは当然だった。そのような前代と微妙に異なる政治を実現したいと思えば、淳和天皇が能力・人柄のよくわかった人々を登用したいと思うのも当然である。そのような人々とは、皇太子時代から淳和天皇の側近くで仕えていた人々である。

皇太子には、後見役の皇太子傅《こうたいしふ》と家庭教師役の皇太子学士《こうたいしがくし》の他に、春宮坊《しゅんぐうぼう》という組織が付置された。そこには長官の春宮大夫《だいぶ》以下、下級官人の春宮舎人《とねり》にいたるまで、多くの官人たちが集っていた。また階層的にも、太政官に名を列ねるような者から、一般庶民とほとんど変わらないような者までがいた。皇太子とこれらの人々との間には堅い主従関係が結ばれ、それに相応しい信頼関係が結ばれていた。彼らを「藩邸の旧臣」という。「藩邸」は、厳密に言えば親王の邸宅を意味するのだろうが、この場合は、皇太子時代も含めて即位以前を指した。

淳和朝になると、このような人々がチャンスを得て様々な部署に配置され、そこで懸命に働くとよい評価を得て、より高位でより重要な役職に昇進していった。一生懸命働けば働いただけ評価され、昇進というかたちで「ご褒美」が与えられる。それも、ご主人様と仰ぎ見てきた淳和天皇のために働くのである。また、淳和天皇に評価され、淳和天皇にご褒美をもらうのである。やる気にならない方がうそだろう。

遅咲きの人・藤原園人

その中でも特に顕著な昇進を遂げた官人がおり、それは嵯峨天皇にもいた。まずその人物から見ていこう。その人物は藤原園人《ふじわらのそのひと》である。園人は、北家の祖である房前《ふささき》の孫で参議楓麻呂《かえでまろ》の子である。五〇代になるまで中央官僚と諸国の国司《こくし》を行ったり来たりしていた人である。実は、この園人を抜擢したのは平城天皇である。桓武天皇が没した際、園人は権参議《ごんのさんぎ》に任じられ、すぐに参議に転じた。観察使《かんさつし》制の創設に備えた措置だったのだろう。この時、園人は五二歳だった。究極の遅咲きである。平城天皇はまた、園人に皇太弟神野《かみの》親王（嵯峨天皇）の皇太弟傅を兼任させた。嵯峨天皇との関係はここから始まる。

大同四年（八〇九）五月に嵯峨天皇が即位すると、九月に中納言《ちゅうなごん》に昇進し、翌弘仁元年（八一〇）二月には早くも大納言《だいなごん》に任じられ、二年後の弘仁三年（八一二）には藤原内麻呂《ふじわらのうちまろ》の死去にともない、政権筆頭の右大臣に昇り、六年後の弘仁九年（八一八）に没するまで政権を担当した。伊予《いよ》親王事件――平城天皇の異母弟で第三皇子である伊予親王が、皇位を狙ったとの嫌疑をかけられて、失脚し（生母とともに）殺害された事件――や薬子の変で複数の公卿が失脚したり、世代交替期で死去したり致仕《ちし》（＝引退のこと）した公卿がいたことも影響していようが、目を見張る急速な昇進であることは間違いない。親王時代からの藩邸の旧臣ではないが、皇太弟となって以来側近として支えてくれたことが深い信頼に繋がったと思われ、一方では地方官としての経験を買われた側面もあったのだろう。

淳和朝の出世頭・清原夏野

淳和天皇の藩邸の旧臣の中での一番出世は清原夏野《きよはらのなつの》である。夏野は舎人《とねり》親王の曽孫の四世王で、普通に考えれば、政界で出世をする可能性はほとんどない人物だった。それが大伴《おおとも》親王（淳和天皇）の立太子後しばらくして春宮大進に任じられ、さらに春宮亮に昇格して大伴親王に仕えた。

弘仁十四年（八二三）、淳和天皇が即位すると蔵人頭《くろうどのとう》となり、七ヵ月後には参議《さんぎ》に任じられた。その二年後に中納言、さらにその三年後に（権《ごん》）大納言《だいなごん》に昇進し、さらに四年後の天長九年（八三二）に右大臣に昇進した。右大臣への昇進は淳和天皇の譲位の前年のことで、仁明天皇の下ではおそらく昇進できないだろうと思い、淳和天皇が昇進させたものだと思う。淳和天皇の夏野への期待がいかに大きかったかということだろう。ただし夏野は、仁明天皇が即位して五年目に没してしまう。夏野が健在であれば、ひょっとすると承和の変は起きなかったかもしれない。

長年にわたり地方官として飛び歩いてきた者が、政権筆頭の右大臣に昇った。普通なら取るに足らない存在で終わってしまうはずの四世王が政権ナンバーツーの右大臣に昇った。この二つの事例を見ただけで、自分も考えられないくらいの昇進ができるかもしれないと思う官人は少なくなかっただろう。大臣は特例としても、それぞれの階層で以前なら考えられないような昇進が可能かもしれない。少なくとも、そういう夢をすべての官人たちが見たのである。

皇位継承に一喜一憂する官人たち

話を元にもどすと、右のように順調な昇進を遂げる者たちが出てくれば、ポストの数は大体決まっているから、それまで順調に昇進していた人々は昇進スピードが鈍ったり、人事異動の時にも同格の官職に平行異動になったり、重要な役割を担うポストからさほどでもないポストに異動になったりした。これらはもちろん左遷ではないし閑職に追い遣られたわけでもない。しかし、以前よりも働きがいのない状況に置かれたことは確かだろう。

ここには悪意はまったくない。国政の主導権を取ってやろうというような野心もない。しかし、淳和天皇が自分の理想とする政治を行ないたいと思い、能力がわかっている人、気心が知れている人、自分に忠誠を示してくれる人を積極的に登用すれば、このような状況になるのは必然的なのである。ただし、官人たちの立場からすれば、天皇が交替しただけで、以前とまったく同じように働いているのに、低い評価しか得られず、昇進もままならない。そのような現状に不満を持つのは当然だろう。

しかし、もしこの不満を嵯峨太上天皇に漏らした者がいれば、逆に叱責されたのではなかろうか。君主たる天皇が自らの基準に基づいて官人たちを評価するのは当然である。天皇が替われば、その基準も変わる。嵯峨天皇の評価と淳和天皇の評価が違う、嵯峨朝の評価と淳和朝の評価が違うのは当然である。天皇の評価に不満を持つなど論外である。不満を言うひまがあったら、淳和天皇の評価基準に合った能力を発揮し業績をあげてみろ。嵯峨太上天皇はこう言って叱ったのではなかろうか。

淳和天皇が譲位し仁明天皇が即位すると、これとほぼ同じ状況になった。淳和朝で思うような昇進ができない人々は、次の時代に期待して、皇太子正良《まさら》親王（仁明天皇）の周囲に集まっていった。つまり、仁明天皇の「藩邸の旧臣」が形成されていったのである。彼らは仁明天皇の下で期待通り順調な昇進を実現した。反対に、淳和朝で順調に昇進していた人々は昇進のスピードが見る見るうちに落ちていく現実に直面した。もちろん、淳和太上天皇もその状況に関して口出しすることはなかったから、欲求不満のつのる状況の下で頑張るしかなかったのである。陽の当たらない場所で不満をかこっていた人々が一気に陽が燦々とふり注ぐ場所に出、陽の当たる場所にいた人々が一気に陽の当たらない場所に追い遣られた。

このような状況の承和九年（八四二）、嵯峨太上天皇が没し、その直後に承和の変が起こった。淳和太上天皇もこの一年ほど前に没しており、淳和太上天皇が健在であれば事件は起こらなかったかもしれない。承和九年という年も微妙な時期だった。淳和天皇は弘仁十四年（八二三）に即位し、一〇年在位して天長十年（八三三）に譲位した。仁明天皇は即位して一〇年目、そろそろ譲位を考えてもよい時期に差しかかっていた。今年のうちは嵯峨太上天皇の葬儀で何かと慌ただしいことからすれば、来年あたり仁明天皇が譲位の意向を側近たちにもらすのではないか。仁明天皇の周囲の官人たちも、皇太子恒貞《つねさだ》親王（淳和天皇皇子）の周囲の官人たちも、そういう考えが頭に浮かんだのではなかろうか。その意味では、承和九年は政変が起こる条件がそろいすぎていたと言えるかもしれない。

承和の変

両統迭立—淳和派と仁明派

承和の変は、皇太子恒貞親王付きの春宮坊官人たち（の一部）がクーデターを図り、それが露見して、廟堂《びょうどう》に列なる高官を含めた関係者が処分され、恒貞親王も皇太子を廃された事件である。一言で言えば、淳和派と仁明派との対立を背景とした、淳和派の官人たちの焦りから発した政変だった。こう言えば、不思議に思う人がいるかもしれない。恒貞親王はやがて即位し、そうなれば淳和派の官人たちはふたたび陽の当たる場所に出られる。だとすれば、彼らが焦る必要はまったくないはずである。しかし彼らは焦った。なぜなのか。

当時の皇位継承は、嵯峨天皇から弟の淳和天皇へ、次に嵯峨天皇の皇子の仁明天皇へ、その次は淳和天皇の皇子の恒貞親王が即位するというものだった。このような皇位継承のあり方を「両統迭立《りょうとうてつりつ》」と言うが、必然的に不安定な政情を惹起する。貴族たちは本来的、本能的に安定した政治を求めていた。だから、このような状態は彼らが本来的、本能的に拒否するものだった。ならばなぜ、このような皇位継承が実現したのか。それはこれが嵯峨天皇が発想したものだったからである。

図3　承和の変　関係系図①

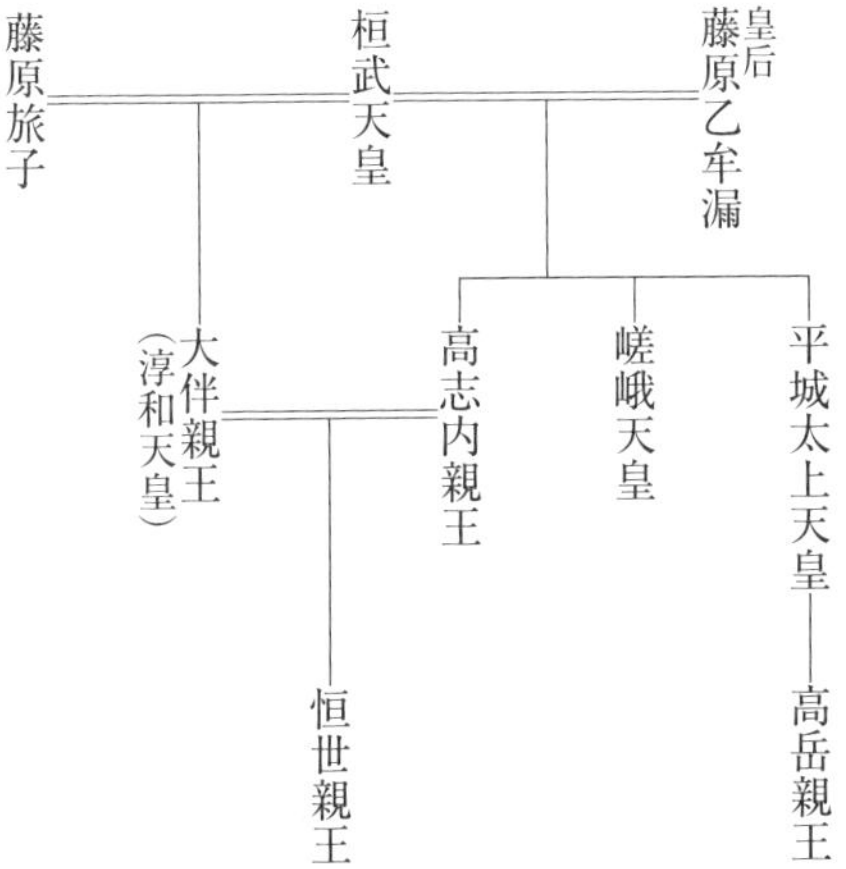

　薬子の変後の政情を早く収拾するため、嵯峨天皇は異母弟の大伴親王（淳和天皇）を皇太弟に立てた。実は、桓武天皇が生前に皇后藤原乙牟漏《ふじわらのおとむろ》所生の安殿《あて》親王（平城天皇）・神野親王（嵯峨天皇）と高志《こし》内親王にそれぞれ異母妹の内親王や異母兄の親王を娶《めあわ》せて、大伴親王と高志内親王との間に恒世《つねよ》親王が生まれていた（図3）。

　薬子の変で平城太上天皇がすべての権力を失ったのにともなって、高岳《たかおか》親王（平城天皇皇子）も皇太子を廃された。当時の天皇家は年若い嵯峨天皇が一人いるだけの非常に寂しい状態で、将来像も描けない不安定な状況だった。そこで、桓武天皇の血脈を父母双方に受けた恒世親王の即位を近い将来に見据え、その前提として父の大伴親王を皇太弟としたのである。

淳和天皇が即位すると、淳和天皇はいったん恒世親王に皇太子を辞退させた上で、正良親王（仁明天皇。嵯峨天皇皇子）を皇太子とした。その後、恒世親王が淳和天皇の在位中に早逝し、初めの予定は無に帰した。しかし、正子《まさこ》内親王（嵯峨天皇皇女）の生んだ恒貞《つねさだ》親王が替わって淳和天皇の正統な後継者の地位に着き、仁明天皇の即位にともなって皇太子にたてられたのである（図4）。

複雑に血脈が入り組んでいるが、結局のところ、迭立する両統はいずれも嵯峨太上天皇の血脈を引く者たちだった。嵯峨太上天皇はこの状況にまったく不満はなかった。息子から外孫に皇位が受け継がれていく。不満があろうはずがない。だから、両派の貴族たちが天皇の交替にともなって一喜一憂していることに気付かなかったのではなかろうか。気付いていたとしても、大して重要な問題だとは思わなかったのではなかろうか。

嵯峨天皇の死がもたらしたもの

嵯峨天皇は薬子の変を収め、良吏政治を指導した偉大な天皇である。貴族たちにとってその権威は絶大だった。だから、嵯峨天皇が構築した現状の皇位継承のあり方に異義を唱えるなど論外だった。その嵯峨天皇が死去した。これを機に貴族たちが自分たちが本能的に望む〈安定した政治〉を志向するようになるのは、むしろ当然のことだった。

仁明派の人々は現在日向にいたが、恒貞親王が即位すれば日陰に甘んじなければならなくなることは当然わかっていた。現在の状態が一日でも長く続くことを願っていたに違いない。そのような時、仁明天皇が恒貞親王への譲位の意志を示せば、例えば着手している政策の成果がまだ出ていない、問題を抱えている案件がまだ解決していないなどと理由を付けて、全員が思い止まらせようとするだろう。

彼らは譲位が時期尚早であることを理路整然と仁明天皇に説くだろう。彼らは自分の考えていることを正確に文章にして他に伝える「良吏としての能力」を研ぎ澄ましてきた者たちである。仁明天皇はその説得に抗して譲位の意志を貫き通せるだろうか。おそらく無理だろうと思う。

実は、嵯峨天皇が譲位の意向をもらした時にも、側近の藤原《ふじわらの》冬嗣《ふゆつぐ》が諌止《かんし》している。し

図4　承和の変　関係系図②

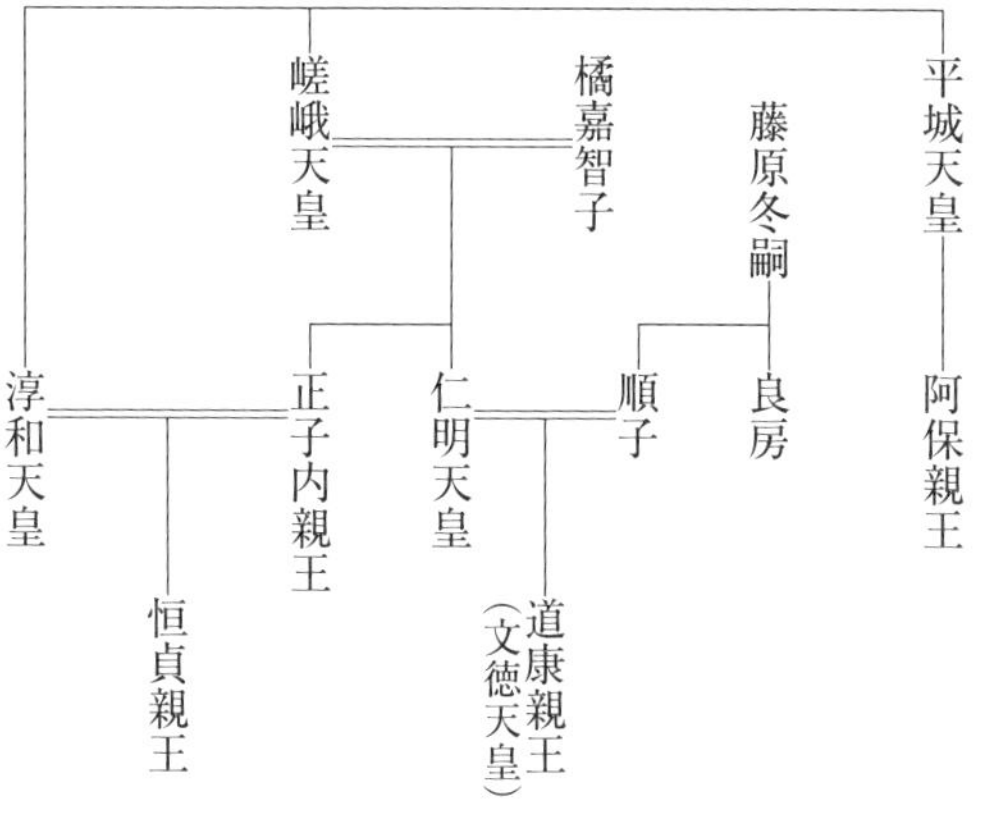

かし嵯峨天皇は、皇位継承は天皇家の問題である、臣下の分際でそれに口を差し挟むとは何事か、と言ってまったく取り合わなかった状況が想像できる。このような場合は、おそらく理屈ではない。貴族たちを押さえ込む、一種の腕力が必要とされた。先に、成熟した官僚機構をコントロールするには、それ相応の能力が必要とされると述べたが、それを嵯峨天皇は持っており、仁明天皇は持っていなかったということなのだろう。

　歴史に〝もし〟はないが、もし嵯峨太上天皇がいれば、そのような者たちを一喝しただろう。もちろん、嵯峨太上天皇は仁明天皇に譲位を促すようなことはしなかっただろうが、仁明天皇が譲位の意志を示せばそれを尊重しただろう。つまり、嵯峨太上天皇が健在であれば、淳和派の人々が不安を抱くこともなかった。

しかし、仁明天皇に対して、淳和派の人々はそれほどの信頼を置くことができなかった。仁明派の人々も仁明天皇を説得できると思っていたとすれば、彼らも仁明天皇の能力をそれほど信頼していなかったことになる。嵯峨太上天皇には言っても無駄だと思って、おそらく、最初から言わなかっただろう。ここが嵯峨太上天皇と仁明天皇の差なのである。おかしな言い方だが、淳和派も仁明派も、すべての貴族たちは嵯峨太上天皇に対しては絶大な信頼を寄せたのに対して、仁明天皇はそれだけの信頼を貴族たちから得ることができなかったということである。

天皇に対峙する官僚機構

譲位が引き伸ばされている間に状況がさらに推移し、恒貞親王が邪魔者扱いされ、ついには皇太子の座から引きずり降ろされるかもしれない。そのような漠然とした不安が淳和派の人々の間に広まり、一部の人々はつぶされるくらいならその前にクーデターを起こそうと計画を立てた。計画が漏れて関係者が調査されると、淳和派の人々はみんな現状に対する不満と将来に対する不安を持っていたわけで、その点を捕らえて、太政官に連なる高官以下、恒貞親王の周囲にいたすべての人々が失脚する結果となったのである。

結局、このような官僚機構内での主導権争いは（天皇の存在を無視した）官人たち（貴族たち）自身の動きに他ならず、それを仁明天皇は抑えられなかった。この政変において仁明天皇の主体的な動きはあまり見られず、その収拾も基本的には官僚機構内で完了していることを思えば、嵯峨太上天皇の死去を契機として、官僚機構をコントロールする天皇の力は著しく希薄になったと考えられる。

母と娘――橘嘉智子と正子内親王

女性からみた承和の変

クーデター計画が発覚したのは、クーデターへの参加を誘われた阿保《あほ》親王（平城天皇皇子）が太皇太后 橘《たちばなの》 嘉智子《かちこ》（嵯峨皇后、仁明天皇生母）に通告したことがきっかけである。阿保親王は嘉智子ならば穏便にことを収めてくれるのではないかと期待したのではなかろうか。しかし、嘉智子は藤原良房《ふじわらのよしふさ》を呼んで仁明天皇にこのことを報せるよう指示した。

報告を受けた仁明天皇にしてみれば、官僚機構にことの真偽を調査するよう指示するより他に術がなかったろう。調査の結果、クーデター計画の全貌が判明し、それが仁明天皇に報告された。その結果、関係者の処分とともに、恒貞親王が皇太子を廃されたのである。

確かに官僚機構に調査を命じたのも、恒貞親王を廃太子したのも仁明天皇なのだが、そこに仁明天皇の主体性が認められるかというと、はなはだ疑わしいと言わざるをえない。

恒貞親王の廃太子を知った母正子内親王は、嘉智子に対して狂わんばかりに抗議した。正子内親王は嘉智子の娘であり、恒貞親王は嘉智子の孫である。ただ待っていれば天皇になれるのに、なぜ恒貞親王がクーデターを謀る必要があるのだ。恒貞親王に近い人々がクーデターを計画したのは事実かもしれないが、それに恒貞親王が関与することなどあろうはずがない。万が一その疑いが晴らしがたいものだったとしても、嘉智子ならば極力ダメージを少なく収めることができただろう。それを最初の段階で事件を公にし、官僚機構を動かして、このような悲劇的な結末をもたらした。「お母さん、あなたは何を考えているんですか。」このように正子内親王は嘉智子に詰め寄ったのではなかろうか。

ただ待っていれば恒貞親王は天皇になれると考えている時点で、正子内親王がこの政変の本質を理解できていないことは明らかである。ただし、正子内親王が悪いわけではない。正子内親王は嵯峨天皇の女《むすめ》として生まれ、淳和天皇のキサキとなり、皇子を生んで、その皇子が兄仁明天皇の皇太子となった。ここまでの人生、苦労には縁のない女性だったろう。そんな正子内親王に官人たちの切実な気持ちなどわかるはずがない。

一方、母の嘉智子はこの政変の本質を理解していた。だからこそ、先述のように行動したのである。嘉智子は中級貴族たる橘氏の女性だった。

橘奈良麻呂の乱後の政情認識

橘氏は、県犬養宿祢三千代《あがたのいぬかいのすくねみちよ》が天武《てんむ》・持統《じとう》（女帝）・文武《もんむ》・元明《げんめい》（女帝）の四天皇に仕えた功績を讃えて、元明天皇から橘姓を賜与されたことに始まる。これにより、三千代は県犬養橘宿祢三千代と称されることとなった。後に三千代の息子の葛城《かずらき》王と佐為《さい》王は、皇親の身分に見切りをつけ、母の橘姓を継承することを願い許された。この時、葛城王は名も諸兄《もろえ》と改めた。これが橘諸兄である。諸兄は、聖武天皇の信頼を背景に、天然痘《てんねんとう》で藤《ふじ》原武智麻呂《わらのむちまろ》をはじめとする太政官メンバーが一挙に没したこともあって、政権を握り、正一位左大臣にまで昇った。

しかし、天平年間後半から急速に台頭した藤原仲麻呂に圧されるかたちで、諸兄は政界を引退した。諸兄の息子である奈良麻呂《ならまろ》は、参議に昇ったものの、政権を握った仲麻呂に反発し、クーデターを企てた。しかし、実行する前に密議がもれ、一党は一網打尽になり、杖下に死したり、流刑になった。奈良麻呂自身の処罰は史料にないが、おそらく、死を免れなかったと思われる。これを橘奈良麻呂の変という。この政変により、橘氏は太政官メンバーを輩出する上級貴族からすべり落ちた。

奈良麻呂の息子は四人の名前が知られるが、安麻呂《やすまろ》・嶋田麻呂《しまだまろ》・入居《いりい》はいずれも参議に昇らないまま四位で終わっており、清友《きよとも》は内舎人《うどねり》で早世した。この清友が嘉智子の父である。五位以上は一応上級貴族と言えるのだが、中級貴族も五位を得るのが一般的となっていた当時の状況からすれば、参議以上を望むことが絶望的となった橘氏は、中級貴族の上層の部分に属したと考えた方が正解に近いだろう。

中級貴族に落ちた橘氏は、中央の実務官人として職務に精励し、四位の地位を守ったと想像される。奈良麻呂は、聖武天皇が諸兄の相楽《さがら》の別業《べつぎよう》に行幸した時に、無位から一気に従五位下を与えられたが、そのような特権的な処遇はもはや期待すべくもない。息子たちは、地道にこつこつと与えられた職務をこなしたのだろう。このような環境の中で育った嘉智子は、官人たちがいかに昇進を欲しているかを身に染みてわかっていた。だから、嵯峨太上天皇が亡くなった後の官人たちの（落ち着きをなくした）心の動きが手に取るように理解できたのである。

繰り返しになるが、嵯峨系と淳和系とが交替する複雑な皇位継承のあり方は、必然的に政変を生む危険性をはらんでいた。貴族たち（官人たち）は本来安定した政治を望んでおり、当時のような状況

皇位継承問題を解消する残酷な選択

は貴族たちが忌避すべきものだった。それにもかかわらず、このような皇位継承が実現したのは、ひとえに嵯峨天皇の意志を貴族たちが尊重したからだった。それは嵯峨天皇の権威の大きさ——腕力の強さ——を物語っている。

それに対して、仁明天皇にそれほどの権威はなかった。だから、貴族たちは本来の安定した政治を指向し、複雑な皇位継承のあり方を解消する方向に動いたのであり、仁明天皇はその動きを止めるだけの説得力を貴族たちに対して持ちえなかったのである。

恒貞親王が悪いわけではないのだ。天皇の意志が絶対的な力を持っていた時代は終わったのだ。天皇が主役の時代から貴族たちが主役の時代になってしまったのだ。こう言って嘉智子は正子内親王を慰めたのではなかろうか。貴族たちが忌避する複雑な皇位継承が成り立ちえないとすれば、仁明天皇か恒貞親王かのいずれかが消えなければならない。嘉智子にとっては息子か孫かであり、いずれにしても残酷な選択だったろう。だから、自分では決めかねて、官僚たち（貴族たち）の判断に運命を委ねたとも考えられる。

承和の変の結果、複雑な皇位継承は解消され、恒貞親王が皇太子の座を追われて、替りに仁明天皇皇子の道康《みちやす》親王（文徳天皇）が皇太子に立てられた。道康親王の母は藤原良房の妹の順子であり、良房は皇太子の外舅《がいきゆう》になった。従来、この点をとらえて、承和の変の背後に良房の策動があったと考える向きがある。それは的を外してはいないのかもしれないが、決して的の中心を射抜いているわけではないと思う。良房の策動というような偏狭なものの見方ではなく、貴族たち総体としての意向が承和の変を引き起こしたと理解すべきであると考える。そこには〈時代〉が移り変わっていく様がよく映し出されている。

文徳朝・清和朝の様相

藤原良房と天皇家

仁明天皇が死去して年若い文徳天皇が即位すると、官僚機構の主導下に国政が運営される傾向はますます強まった。その官僚機構の中心には藤原良房がいた。文徳天皇に関する有名なエピソードとしては、文徳天皇は（清和《せいわ》天皇の即位に先立って）第一皇子の惟喬《これたか》親王の即位を望んだものの、それを公式に表明することなく断念したという逸話が伝わっている。

文徳天皇は将来清和天皇の血脈が天皇家となることに異存はなかった。ただ、清和天皇の前に惟喬親王が即位し、一定期間在位した後に譲位することを望んだ。最愛の惟喬親王を天皇にしてやりたい一心だった。ただし、この皇位継承の方がそれぞれ穏当な天皇の在

図5　文徳天皇像（法金剛院所蔵）

位を実現できるという側面もあった。

文徳天皇は天安二年（八五八）に急逝するが、かりにその直前に惟喬親王に譲位する状況を仮定してみる。惟仁《これひと》親王（清和天皇）はこの時まだ九歳だった。だから幼帝即位という前代未聞の異常事態となったのである。それに対して、惟喬親王は一五歳で、幼帝と言われるほど幼くもないだろう。

惟喬親王が仮に一〇年間在位した後に譲位したとすれば、その時惟仁親王は一九歳である。もちろん、まだまだ年若い天皇なのだが、一般的な即位の範疇に入れてよかろう。こうした皇位継承が実現していれば、惟喬親王にしても惟仁親王にしても、天皇が天皇としての職責を果たせないような政治状況を引き起こすことはなかっただろう。文徳天皇はそのことも考えて、惟喬親王の即位にある程度の説得力を持たせることができると考えたのではなかろうか。

天皇の意のままとならぬ皇位継承

しかし翻って、藤原良房の立場からこれを見るとどうなるか。惟喬親王が即位した後も引き続き安定した政権運営につとめれば、惟喬親王の治世は賞讃されるものとなろう。また、承和の変に関して述べたように、天皇となった惟喬親王は、自分の信頼する人々を重要なポストに就けたいと思うだろうが、それが良房の主導する人事と齟齬することも出てくるだろう。一〇年も在位していれば、独自の側近も形成されるだろうから、そうなれば、何も急いで譲位することはないという雰囲気が朝廷内に醸成されないとも限らない。しかし、それは惟仁親王の存在感を薄めることに他ならない。

さらに、そんなに立派な天皇なら、その血脈を（天皇家として）断絶させることはもったいないとの意見も出てこよう。ますます惟仁親王の存在意義は低くなり、場合によっては円滑な皇位継承にとって邪魔なだけの存在にもなりかねない。ましてや、その間に良房が亡くなったりすれば、後見のない惟仁親王は風前のともしびに等しい存在になってしまうだろう。嵯峨太上天皇亡き後、恒貞親王か皇太子の地位を追われた承和の変の記憶もまだ残っていただろうから、右のごとき考えはすぐに人々の頭に浮かんだことだろう。

そこまで考えた時、惟喬親王が即位した状況の下で、果たして藤原良房が安定した政権運営につとめるだろうかという疑問がわくのはむしろ当然だろう。良房にしてみれば、惟喬親王の在位をできるだけ早く切り上げ、譲位を引き出して惟仁親王（清和天皇）の即位を実現しようと思うのが自然だろう。つまり、惟喬親王の即位が実現しても、その治世は祝福されたものになりえない。藤原良房の立場も微妙なものになるし、政界に不協和音が生じる可能性も大きいだろう。

このように考えをめぐらせば、惟喬親王の即位が貴族たちの望むものでは決してなく、貴族たちの支持を得ることはまず期待できない。文徳天皇はこのような結論に思い至り、自らの望みを言い出すこともしなかったものと考えられる。つまり、この時点ではすでに皇位継承さえも文徳天皇の意のままにならなかったことがわかる。

ここまで見てきた文徳天皇の姿からは、なんと非力な天皇かという嘆息しか出ない。ただし、これを貴族たちの側から見ると、文徳天皇は極めて優秀な天皇だったという評価になるのだろう。惟喬親王の即位は現状の政治秩序に波風を立てることになると判断し、自らの（個人的な）望みを抑えて、円滑な国政運営を最優先に考えた選択をした天皇として高い評価を与えられるものと思われる。つまり、天皇の側からの評価と貴族たちの側からの評価とが一八〇度違う状況の下で、天皇は貴族たちの評価に適う行動をしなければならなくなっていたのである。

嵯峨太上天皇の絶大な権威

幼い清和天皇が即位するにいたってこの傾向は決定的なものとなった。嵯峨太上天皇は太上天皇制を改変して、自ら（もう一人の）君主の地位を去った。天皇が保有する国家権限を「天皇大権」と言うが、嵯峨太上天皇はこの天皇大権を放棄したのである。天皇大権を放棄し君主でなくなった嵯峨太上天皇は、あえて言えば、貴族の一人になったと言える。もちろん、とびっきりに高貴な貴族である。

ただし、その一方で、昨日まで絶大な権威権力を保持して君主として国家に君臨していた嵯峨太上天皇が、貴族たちにとって、単なる一貴族になるなどありえない。譲位以前のように天皇大権に起因する権威ではないものの、貴族たちから見れば、なお絶大な権威を有していた。自ら戒めていたものの、嵯峨太上天皇がもし何か政治的な発言をすれば、間違いなく、淳和天皇を含めた政府に対して影響を与えただろう。

要するに、国家機構としては、淳和天皇のみが官僚機構の上に君臨して国政運営が行なわれる、極めて明快な体制になったものの、国家機構の外側に天皇よりも大きな権威（嵯峨太上天皇）が存在することとなった。嵯峨太上天皇が何か行動すれば、そこに即座に絶大な権力が生ずるのは明らかであり、何も動かなくても、存在しているだけで、そこに権威権力が生ずるとも言える状況だった。

つまり、このような嵯峨太上天皇と淳和天皇との関係から、実際の最高権力者は天皇でなくともよいということを、人々はすでに学習していた。そして、この時、嵯峨太上天皇亡き後の政界の秩序の中心となりうる人物は藤原良房しかいなかった。

君臣関係の変化
―「畏怖」の不在

清和天皇の母は良房の女《むすめ》である明子《あきらけいこ》だった。良房は一心に外孫である清和天皇のためを思い、清和天皇の治世が後の世に立派な治世だったと賞讃されるように一生懸命支えただけである。従来から、先にふれた承和の変を含めて、良房は権力をその手に握ろうと画策し、ついには幼い孫の清和天皇を押し立てて摂政となり国政の頂点に立った、などと説明されることが多い。もちろん、清廉潔白なだけの人物だったとは言わないが、権勢欲から幼帝を擁して自らが実権を握ろうなどと考えていたわけでは決してない。ただ、清和天皇が良房の庇護下にあったということ自体、当時の最高権力者が清和天皇ではないことを如実に物語っている。

このことをはっきりと理解するために、嵯峨朝と清和朝とを比較して、そのあり方の違いを確認しよう。〈天皇―官僚の筆頭―官僚たち〉と構図で両朝の構造を示すと、次のように表すことができる。

嵯峨朝……〈嵯峨天皇―藤原冬嗣―官僚たち〉

清和朝……〈清和天皇―藤原良房―官僚たち〉

先にも述べたように、嵯峨天皇は信頼する藤原冬嗣を太政官筆頭の右大臣に任じ、国政運営を委ねた。冬嗣はその信頼に応えようと懸命に国政運営に打ち込んだ。やりがいも大きかったことだろう。しかし、冬嗣は一方で恐れを抱いていたのではなかろうか。自分が考案した政策が嵯峨天皇の基本的な政治方針に反し、嵯峨天皇から厳しい叱責を受ける恐れである。

国家の最高決定権を掌握しているのは、嵯峨天皇である。したがって、嵯峨天皇の命令・判断・決定は絶対である。冬嗣はそう感じていたのではなかろうか。冬嗣がよいと判断して実施した政策も嵯峨天皇が無意味な政策と判断すれば、それがすべてなのである。それに逆らうことなど、思いもよらない。そのような嵯峨天皇に対する恐れは、敬う心をともなった恐れである「畏怖」と表現すべき感情だと思う。

清和朝でも、清和天皇は太政大臣の藤原良房に絶大な信頼を置いて、国政運営を委ね、良房も誠心誠意国政運営を行なった。一見すると、同じ状況である。しかし、良房は清和天皇に対して「畏怖」の感情など抱くはずもなかった。かわいい孫である。当然だろう。ただし、臣下に「畏怖」の念を抱かれない天皇など、一人前の君主ではない。君臣関係はすでに本来のそれ――天武朝期のそれか、もしくは桓武朝後半期や嵯峨朝のそれ――とはかなり違ったものに変質していたのである。

応天門の変

清和天皇が自ら政治判断が行なえる年齢に達しても、以上の状況は変わらなかった。そのような状況の中で、貞観八年（八六六）に応天門《おうてんもん》の変が起きる。藤原良房は、内裏《だいり》内に自分の部屋を設け、そこに泊まり込んで日々の政務を視ていた。しかし、長年の疲労が蓄積し、体調がすぐれなくなったため、京の東の郊外にあった別荘に行って静養をすることとなった。事件は、そうした良房の不在をねらって起きた。

真犯人は誰か

応天門の変は、応天門が放火されて、左大臣の源信《みなもとのまこと》が放火犯とされ窮地に陥ったものの、藤原基経《ふじわらのもとつね》の急報により急いで戻った良房が、清和天皇に慎重な捜査をあらためて進言したことにより、〈信への処罰を含めた〉事件の処理手続きがいったんストップした。そうこうしているうち、次席の大納言である伴善男《とものよしお》が真の放火犯だという密告があり、良房の下で事の真偽が調査されたところ、善男が信を陥れようとしたものだったことが判明し、善男が失脚した、とされている事件である。「とされている」と奥歯にものが挟まったような言い方をしたのは、真相は闇の中で、真犯人はだれか、この政変を仕組んだ者がいたのかどうかなど、今となっては真実を突き止める術がないという意味である。

この時の太政官の上層部は〈太政大臣藤原良房、左大臣源信、右大臣藤原良相《ふじわらのよしみ》、大納言平高棟《たいらのたかむね》・伴善男〉という顔触れ〈権大納言以下略〉だった。この中の左大臣と次席の大納言とが事件の当事者であり、さらに右大臣の関与もささやかれたというから、太政官はほぼ機能停止の状態だった。この混乱した政局を速やかに収拾することが差し当たっての急務であり、このため、清和天皇は当面の政治判断を良房に一任した。摂政制《せっしょう》の始まりであり、ここから摂関《せっかん》政治が始まった。

良吏政治の完結としての摂関政治

従来から、藤原良房は官僚たちから絶大な信頼を得て官僚機構を統御していた。清和天皇は、官僚機構から最終的な決裁を求められ、実際にそれを行なっていたものの、外祖父である良房に全幅の信頼を置いていたから、良房を頂点とする官僚機構の中で決定した諸事項に不満があるはずもなかった。したがって、最終決定権を実際に行使しようとも思わなかったし、またする必要もなかった。

要するに、この時期の国政は〈清和天皇―藤原良房―官僚機構〉という構造で運営されており、〈清和天皇⇃藤原良房〉という手続きは政治システムを遵守するためだけのものになっていた。もちろん、この過程は天皇が天皇大権を行使する手続きであり、国家の存立において必要不可欠の重要な手続きだった。だから、実際には官僚機構の決定に不満があるはずもないにもかかわらず、この手続きが厳格に行なわれたのである。

しかし、現在は諸手続きをできるだけ速やかに処理し、従来の安定した国政運営に復するのが一番の要務である。清和天皇は、即座の判断が要求される現在の状況下で右の実質のない手続きは不要だろうと考えた。だから、清和天皇は〈自分の最終決裁の過程を省いて〉官僚機構内での最終決定（＝良房の決定）を国家の最終決定とせよと命じた。厳密に言えば、「良房の主導下で行なわれる太政官の最終決定」ということなのだが、実質的には「良房の決定」と言って差し支えなかろう。

つまり、摂関政治とは、官僚機構がほぼ自己完結的に国政を処理するという状況が生み出した最終的な政治形態だった。この体制は、①良吏政治に鍛えられたことにより官僚機構が成熟し、日常的な政務はほぼ自己判断で行なえるようになっていたこと、②官僚たちが藤原良房に絶大な信頼を寄せており、良房による極めて円滑な国政運営が実現していたこと、③清和天皇は外祖父である良房に全幅の信頼を寄せており、自身の天皇大権に基づいて自分で国政の決定を下すことが従来よりなかったこと、この三つの条件がそろっていたからこそ、成立した体制だった。

摂政は天皇の代行者だと言われる。後にはこの言い方も正しいのだが、少なくともこの時点では厳密に言うと正しくない。藤原良房は清和天皇の代わりに天皇大権（＝国家の最終決定権）を行使したわけではない。清和天皇の最終決裁を省略したにすぎない。この次元において、摂政は天皇と直接的な関係を有しない。官僚機構の頂点に位置し、官僚機構内での最終決定を行なうというのが摂政のすべてなのである。摂政は官僚機構内から誕生した。こうした観点からすれば、〈摂政は天皇（家）との外戚《がいせき》関係をてこに権力を獲得した〉という従来の説明がいかに正確さを欠いたものであるかが実感されよう。

有能で努力家な良吏・伴善男

仁明・文徳・清和朝と進むにともない、貴族社会に重大な変化が生まれていた。一面では、応天門の変は、この変化を象徴的に物語る事件という言い方もできる。それを見ていこう。この事件の主役は、大納言の伴善男と左大臣の源信である。この二人の貴族としてのあり方には大きな違いがあり、それを通してこの時期の貴族社会が窺い知れるのである。

伴善男は大化前代から続く雄族大伴氏の子孫である。大伴氏は、五世紀の継体《けいたい》朝から欽《きん》明《めい》朝にかけて金村《かなむら》が大連《おおむらじ》として朝廷を牛耳っていた時期があった。ところが、金村は朝鮮半島の経営に失敗して、日本の拠点（任那《みまな》と言った）を失ったために失脚した。その後、大臣蘇我《そが》氏と大連物部《もののべ》氏が並び立った時期を経て、蘇我氏政権が構築され、六・七世紀に続いていく。その間、大伴氏は大連の地位を失ったとはいえ、大夫《まえつきみ》の地位を確保し、それが孝徳《こうとく》朝後期の右大臣長徳《ながとこ》に繋がり、さらに奈良時代に旅人《たびと》が大納言になり、家持《やかもち》が桓武朝の初期に中納言に昇進して、上級貴族の地位を確保し続けた。

ところが、家持が没した直後の延暦四年（七八五）九月に藤原種継《ふじわらのたねつぐ》暗殺事件が起こる。この事件は、皇太弟早良《さわら》親王の周辺の者たちが桓武朝政権を転覆させようと、政権の中核で活躍する藤原種継を暗殺した事件である。この時、桓武天皇は、斎王《さいおう》として伊勢《いせ》に下向する朝原《あさはら》内親王を見送りに平城京に出向いて平安京を留守にしていたが、事件の報告を受けると急いで平安京に戻り、犯人たちを捕縛・処刑した。この際、家持は首謀者の一人とされ、生前の官位をすべて剝脱されてしまった。

これにより、大伴氏は上級貴族の地位を失い、中級貴族に落ちてしまった。その後、大伴氏は中級貴族として朝廷内での自らの地位を確保する中で、桓武天皇の皇子の乳母《めのと》を出した。もちろん、上級貴族であれば、一族の女性から皇子の乳母を出すなどということは論外である。中級貴族に落ちてしまったからこその選択である。

その皇子は、大伴氏の乳母がお世話する皇子ということで大伴親王と呼ばれ、後に即位して淳和天皇となった。大伴氏に因んで大伴親王という名になったのだが、氏族の名が天皇の諱《いみな》（＝名前のこと）と同じであるのは恐れ多いということで、天皇の諱を避けて氏族名を伴氏とした。

伴善男は、こうした伴氏の子として生を受けた。つまり、善男は実務官人から昇進を重ねて大納言にいたった典型的な良吏だった。この階層の官人が大納言にまで昇進したということは特筆すべきことで、善男が非常に才能豊かな人物で、なおかつ非常な努力家だったことを物語っている。旅人の地位は回復した。だとすれば、もう一つ上の長徳の右大臣をねらって事件を企んだという可能性もなきにしもあらずという気もするが、もちろん真相はわからない。

嵯峨天皇の皇子・源信

対する源信は、嵯峨天皇の皇子＝嵯峨源氏である。一六歳で従四位上に直叙され、二二歳で参議に任じられた。数え年だから現在と少し感覚が異なるが、例えれば、義務教育の中学校を卒業して会社に入ったというところだろう。従四位上は決して平社員ではない。係長でもなく、課長クラスに相当しよう。昨日まで中学校でキャッキャしていた少年が、上司の課長だったら、反発を感じない方が不思議だろう。参議は取締役である。大学を出たかでないかの年齢で取締役とは、五〇歳代の課長は出社するのがいやになるだろう。

信より一歳年下の善男が三八歳で参議に任じられた時、三九歳の信はすでに大納言だった。四〇歳を前に取締役に駆け昇った善男も本当にすごいのだが、信はその上を行く。大納言は専務だろう。善男が取締役の肩書きを得て、胸をときめかせながら取締役会に出席すると、信が当然の顔をして、のんびりと専務の席に座っていたら、果たしてどういう感情が湧くのか。嵯峨天皇（＝オーナーで先代社長）の息子だから仕方がないというあきらめもありながら、「冗談ではない、こっちはどれだけ汗水を流し、血のにじむような努力をして、ここまで昇ってきたと思っているんだ」という怒りがふつふつと湧いてきたとしても、それは善男の罪ではないだろう。

先にも述べたごとく、良吏政治の根本は、才能のある者が家柄に関係なく高位高官に昇進できるというものだった。それが官人たちにやる気を起こさせ、そのやる気が国政に活気を与えていた。ところが、信の存在はこうした良吏政治を真っ向から否定するものに他ならない。

天皇の皇子だからというだけで、若年で高位に叙され、何の苦労もなく大臣や大納言に昇られたのでは、実務官僚からコツコツと実績を重ねていくのがまるでばからしくなってしまおう。源信も当然それなりの才能を発揮し、それなりの努力をしたのだろうが、実務官僚たちに比べれば、やはりそれは問題にならない。「それなり」などという甘っちょろいことを言っていては、昇進など覚束ない世界だった。

しかし、もうそろそろガツガツ頑張るのは止めてもよいのではないか、少し余裕を持ってもよいのではないか。そういう雰囲気が時代を覆い始めていた。良吏政治を掲げて官人たちを叱咤した嵯峨天皇はもういない。時代が変わる時期に差しかかっていたのである。源信はそうした時代の変化を象徴する人物だったのだろう。

応天門の変を巨視的に見れば、伴善男は、源信に代表されるそうした存在を否定し、良吏政治の存続をあらためて確実なものにしようとしたものの、時代の趨勢は伴善男の期待とは逆の方向に進んでいたと言えるだろう。

安定を求める時代風潮

良吏政治は嵯峨天皇が指向した政治の理想型だが、さらに遡れば、その源泉は光仁朝・桓武朝の積極的な人材登用だった。ところが、嵯峨朝を経て仁明朝あたりから貴族層の内部構成は徐々に安定化の方向に向かったと想像される。源氏の登用はその表れだったのだろう。

貴族たちは本来的に安定した政治を望んでいた。彼らはその中で貴族としての生活を謳歌したかった。漢詩・和歌・管弦は官人として必須の教養だが、同時に日々の生活を豊かにする文化でもあった。ところが、良吏政治の理想を目指して研鑽を積む日々の中では、そのような生活を謳歌する余裕は決してあるまい。もうそろそろ、少しは余裕のある豊かな生活を送ってもよいのではないか。多くの貴族たちはそう思うようになっていたということだろう。

良吏政治では、才能を発揮して業績をあげれば評価され昇進できる。しかし、その地位に安住し少しでも油断をすれば、より高い才能を発揮して業績をあげた者に先を越される。

官人たちは息つく暇もなく、脇目もふらずに職務に励まなければならない。政治がこのように高いモチベイションを維持できたのは、平安前期という時代が奈良時代に蓄積された問題点を解消し、もう一段次元の高い律令国家《りつりょうこっか》を再構築するための〈変革の時代〉だったからである。国政のあらゆる面で改革が行なわれ、それらが軌道に乗ってきたころ、人々は改革が一段落したという気になり、本来の安定した政治、がむしゃらに頑張らなくてもよい政治を望むようになる。それが仁明朝のころだった。

例えば藤原良房は、当然のことながら、藤原氏の永続的な繁栄を望んだだろう。具体的には、間断なく（複数の）大臣を輩出し、常に政権担当者の地位を保つことだった。実際、それは摂関政治として実現した。しかし、良吏政治の下では、抜群の才能を発揮した他氏の官人が政権担当者の地位に就くことも十分ありえた。一定水準以上の能力を有すれば藤原氏が政権担当者の地位を守っていけるには、安定した政治が必要だった。

嵯峨天皇は国政の発展を考えて良吏政治の実現を目指し、右のような官人たちの欲求を考慮することなく官人たちを叱咤したのだが、国政が良房を中心に動くようになると、自然と（良房を含めた）貴族たちの希望する政治状況に移っていくことになったのである。ここにも天皇主導の政治から貴族主導の政治への変化が鮮やかに見て取れる。

天皇主導の良吏政治の終焉

嵯峨朝を受け継いだ淳和朝・仁明朝では、良吏政治が順調に進展し、個々の官僚たちは能力を高め、官僚機構は総体として成熟の度を増していった。ただ、両統迭立の皇位継承は、必然的に官人たち（官僚たち）を両派に分け、一派が陽の当たるところにいれば、もう一派は陽の当たらない陰に甘んじ、天皇が替われればその状況が逆転するという極めて不安定な政治状況をもたらした。

しかし、嵯峨太上天皇にとっては、皇位継承は息子の仁明天皇から外孫の恒貞親王に行なわれるものだったから、まったく不足はなく、官人たち（貴族たち）が本来的に不安定な政治を嫌う点もそれほど問題視していなかった。この当時、嵯峨太上天皇の絶大な権威が朝廷を覆い、官人たちも嵯峨太上天皇の意向を尊重したから、右の政治秩序は（不安定なりに）保たれていたのである。

ところが、嵯峨太上天皇が没するやいなや、官人たち（貴族たち）は本来的な欲求に従って、政治の不安定性を除去しようとする方向に動いた。その結果、承和の変が起こって、淳和派の官人たちが一掃され、恒貞親王も皇太子を廃されたのである。これは実力をつけた官人たちをコントロールするだけの力を、仁明天皇がもはや持ち得なかったことを示している。言葉を換えれば、天皇の意志はもはや絶対的なものではなくなったのであり、官人たち（貴族たち）の意向を無視しては国政運営を行なうことができなくなったことを物語っている。

文徳朝・清和朝と時代が進むにつれて、この傾向は強まった。こうした状況の下で応天門の変が起こった時、清和天皇は速やかな混乱処理のために、藤原良房を頂点とする官僚機構にすべての政務処理を委ねた。清和天皇と良房との間には強い信頼関係があり、従来から良房の政務処理・政策決定に不満を抱くことはなかったことから、清和天皇は自らの最終決裁を省き、良房に国政の全権を委ねたのである。これが摂政制の始まりである。

応天門の変では、失脚の危機に陥りかけた源信は最終的に無罪となり、伴善男が犯人とされて流罪になった。これを巨視的に眺めれば、良吏政治を否定しかねない存在である源信を、良吏政治継続を指向する伴善男が排除しようとしたものの、逆に自らが排除されてしまった過程と見做すことができる。すなわち、天皇主導で推進された良吏政治は漸く終焉を迎え、主役に躍り出た貴族たちが望む〈時代〉が到来したことを物語っている。

天皇には特別な尊貴性が厳然とあったし、それは貴族たちも十分認めていた。しかし、その一方で、極論すれば、貴族たちにとって天皇はもはや主人ではなくパートナーだったのである。

貴族の時代へ

源氏の左大臣と藤原氏の右大臣

源氏と藤原氏の共同補弼体制

応天門《おうてんもん》の変の混乱が終熄した後、ふたたび藤原良房《ふじわらのよしふさ》の下で安定した国政運営が行なわれた。ただ、良房には息子がいなかったため、姪《おい》の基経《もとつね》を後継者とした。基経は仁寿二年（八五二）に一七歳で蔭孫《おんそん》無位から蔵人《くろうど》に補され、官人《かんじん》としての人生が始まる。この後、順調に昇進し、貞観十四年（八七二）には右大臣《うだいじん》に至る。良房が病篤い状況での人事であることからすれば、良房後の体制作りだろう。この時の人事では、大納言《だいなごん》の源融《みなもとのとおる》と基経がそろって左右大臣に任じられた。この二人は大納言昇進時から同時昇進であり、おそらく、良房は早い段階から〈左大臣源融・右大臣藤原基経〉という体制を描いていたと想像される。

この二人には清和《せいわ》天皇をはさんで興味深い関係が見られる。源融は仁明《にんみょう》天皇の猶子《ゆうし》となっていた。その関係に基づけば、清和天皇にとって源融は叔父ということになる。さらに、基経を良房の子（猶子もしくは養子）と見做せば、基経は外舅《がいきゅう》ということになる。「舅」は現在では妻または夫の父を意味するが、古代では母の兄弟を指す。父方の叔父である源融が左大臣、母方の舅《おじ》である基経が右大臣となり、協力して清和天皇を補佐する体制が出来上がっているのである（図6）。

図6　左右大臣相関系図①

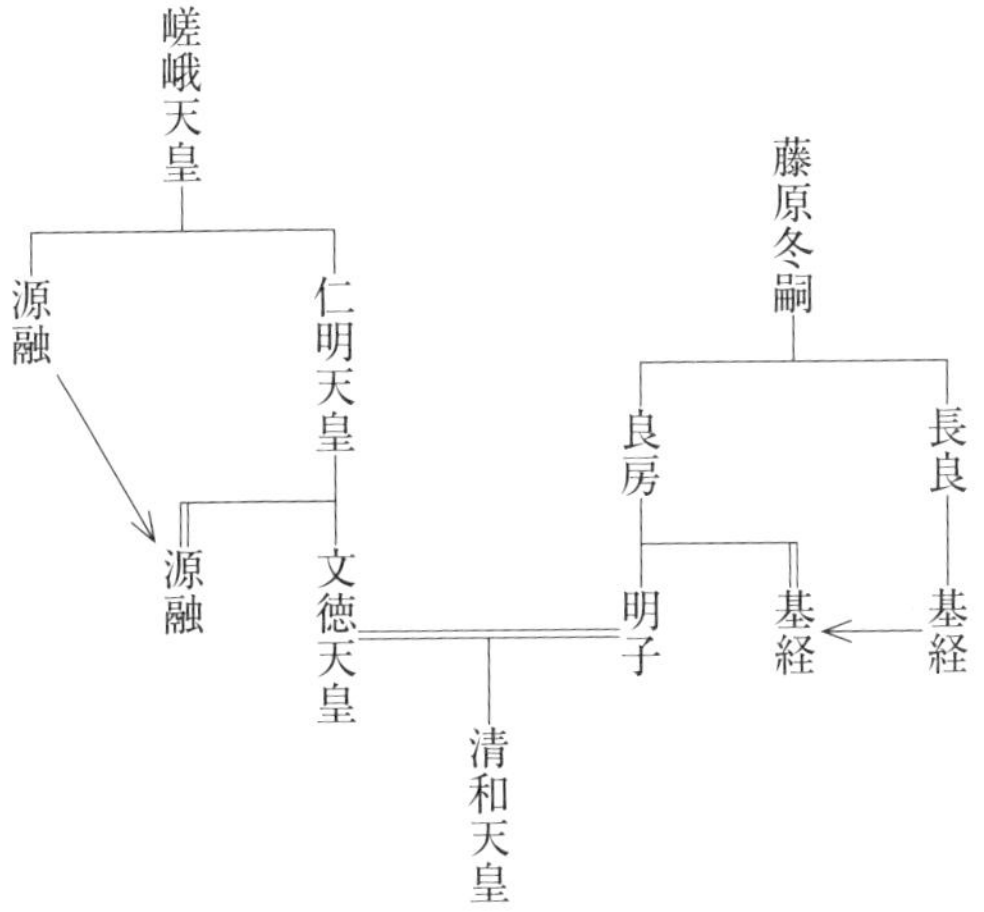

果たして、これは良房の構想だろうか。ここで源氏《げんじ》にまとめてふれておこう。源氏は、嵯峨《さが》天皇が自らの皇子女のうち四人の皇子と四人の皇女に源姓を与え臣籍《しんせき》に降したもので、後に男子は一七人、女子は一五人に増えている。理由として、国家財政の負担軽減が謳われているが、

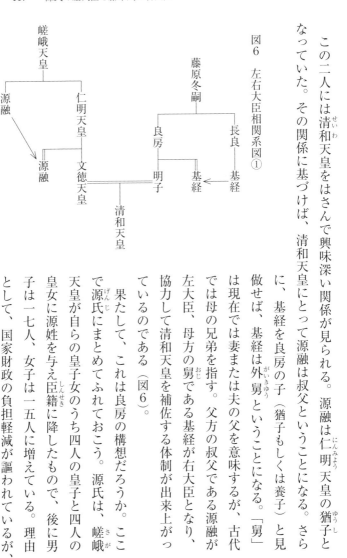

図7　左右大臣相関系図②

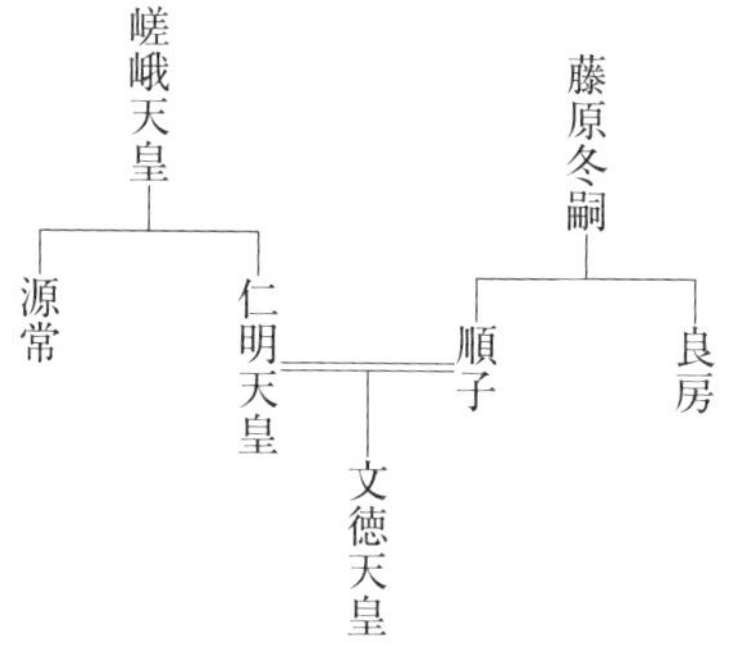

これが本当なのかどうかは判断がむつかしい。一般貴族となった源氏は、当初、他の官人たちに混じって、六位から官人生活を始めるとされたが、実際には、破格の優遇をうけて初めから高位に叙される者が多かった。

嵯峨天皇は、第三源氏——源氏になった皇子の中で三番目の年長者という意味——の常《ときわ》を淳和《じゅんな》天皇の養子としたが、淳和天皇は常を実子同然に可愛がり、常が一七歳の時に従四位下を直叙した。その後も、常は順調に昇進を繰り返して、仁明朝の末には〈左大臣源常・右大臣藤原良房〉という体制が成立している（図7）。すなわち、文徳《もんとく》朝では、叔父の左大臣の源氏と外舅の右大臣の藤原氏が補弼《ほひつ》する体制がすでに実現しているのである。

融は仁明天皇の養子という点を強調した一方で、常では淳和天皇の養子になったことを無視しているのは確かに問題だが、それは暫く措いて、この二例以外にも同様の大臣構成が見られることからすれば、偶然が重なっただけとして済ますことはできまい。源氏創設

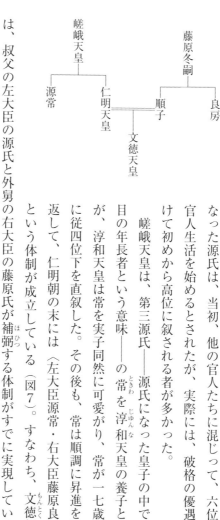

当初からの構想か、常の昇進状況からヒントを得た構想かはわからないものの、嵯峨天皇が源氏と藤原氏による共同輔弼体制を構想し、それが後にも継承されたと考えるべきだと思う。権力に比較的淡泊な源氏と、権力に執着する藤原氏との組合せは、なるほど、よいコンビかもしれない。

また、文徳朝末に〈太政大臣藤原良房・左大臣源信・右大臣藤原良相《よしみ》〉という廟堂構成が取られたが、これは良房を別格として、その下で〈左大臣源信・右大臣藤原良相〉という体制を実現する意図と理解すべきかもしれない。二人は文徳天皇の叔父・外舅ながら、この体制は次の清和《せいわ》朝を見越しての体制作りと理解すべきだろう。だとすれば、厳密に言えば本書で想定している体制とは異なるけれども、それに准ずる体制と言って差し支えないと思う。

源氏と藤原氏の攻防

この後の源氏を押さえておくと（図8参照）、仁明天皇も皇子たちを源氏に下し、後に多《まさる》と光《ひかる》が大臣に昇る。ただし、いずれも姪《おい》の清和朝ではなく、多は陽成《ようぜい》朝・光孝《こうこう》朝に、光は醍醐《だいご》朝に右大臣になっている。文徳源氏も能有《よしあり》が陽成朝ではなく宇多《うだ》朝に右大臣になっている（従兄弟どうしという点を取れば桓武《かんむ》朝の神王《みわおう》に相当する）。清和源氏・陽成源氏には大臣に昇った者はいないが、これは皇統が

図8　源氏の大臣

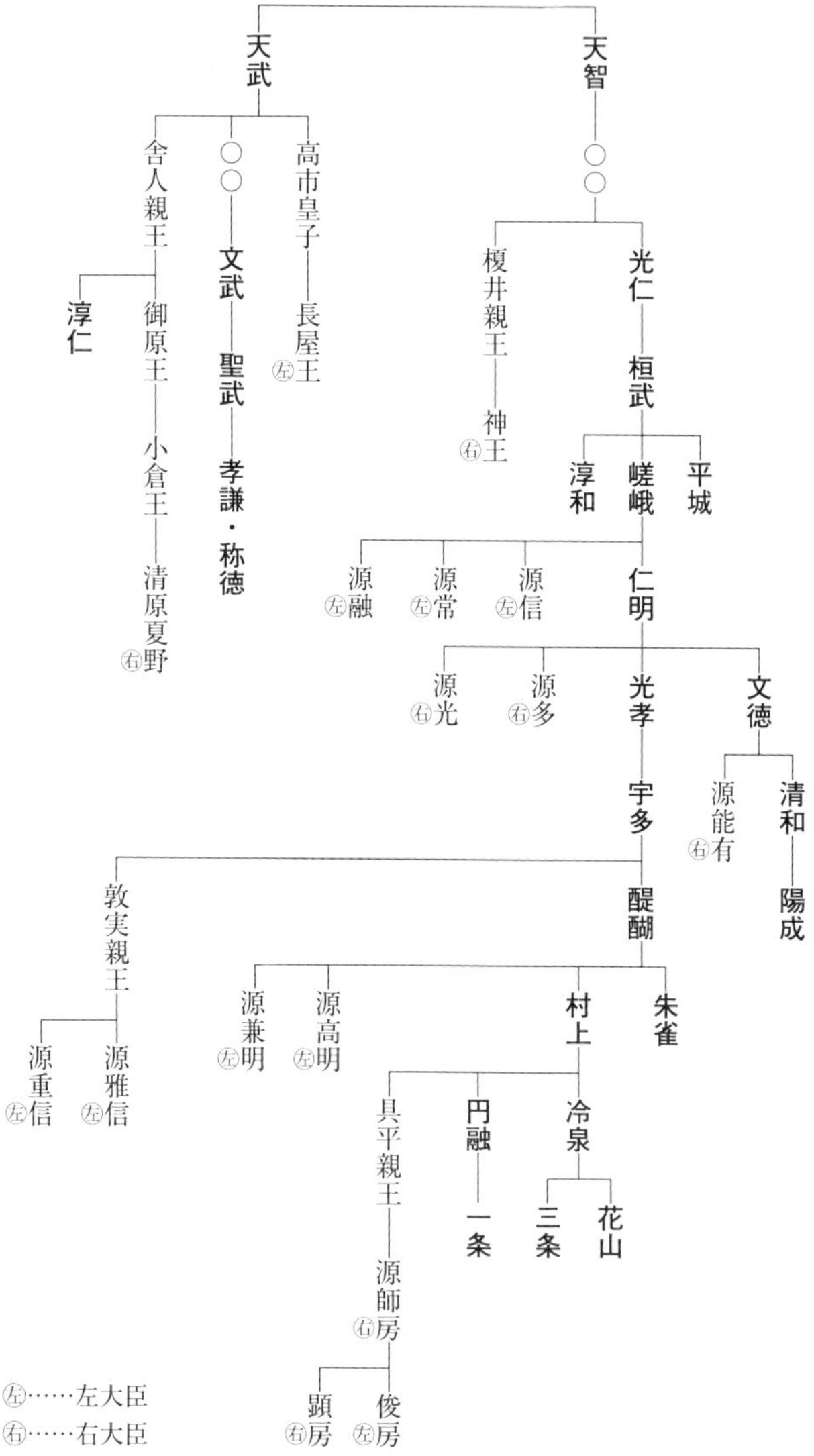
天智
天武
光仁
榎井親王
神王
桓武
平城
嵯峨
淳和
仁明
源信
源常
源融
文徳
光孝
源多
源光
清和
源能有
陽成
宇多
醍醐
朱雀
村上
源高明
源兼明
冷泉
円融
具平親王
花山
三条
一条
源師房
俊房
顕房
敦実親王
源雅信
源重信
高市皇子
長屋王
文武
聖武
孝謙・称徳
舎人親王
御原王
小倉王
清原夏野
淳仁
左……左大臣
右……右大臣

替わったために〈姪の天皇を輔佐する〉という構図が成立しえなくなったことが影響しているのかどうか、判断が微妙である。

光孝天皇の皇子たちは一世源氏《いっせいげんじ》（＝皇子から源氏に下った者）と二世源氏《にせいげんじ》（＝孫王から源氏に下った者）がいたが、いずれも大臣には昇らなかった。宇多天皇の皇子たちには源氏に下された者はいない。宇多天皇には孫（以下）の天皇を叔父の源氏に輔佐させようという構想がなかったということなのだろう。光孝源氏（＝宇多天皇にとっては異母兄弟）を積極的に昇進させなかったというのも、同じ考えに基づいていると考えられる。つまり、宇多天皇は嵯峨天皇の構想を再現するつもりがなかったと考えるべきだろう。この間に藤原氏が太政官《だじょうかん》を主導する政権体制が固定化し、ついには村上朝《むらかみ》初に〈関白太《かんぱくだ》政大臣《じょうだいじん》忠平《ただひら》・左大臣実頼《さねより》・右大臣師輔《もろすけ》〉という一家で大臣を独占するという状況が出来している。

図9　左右大臣相関系図③

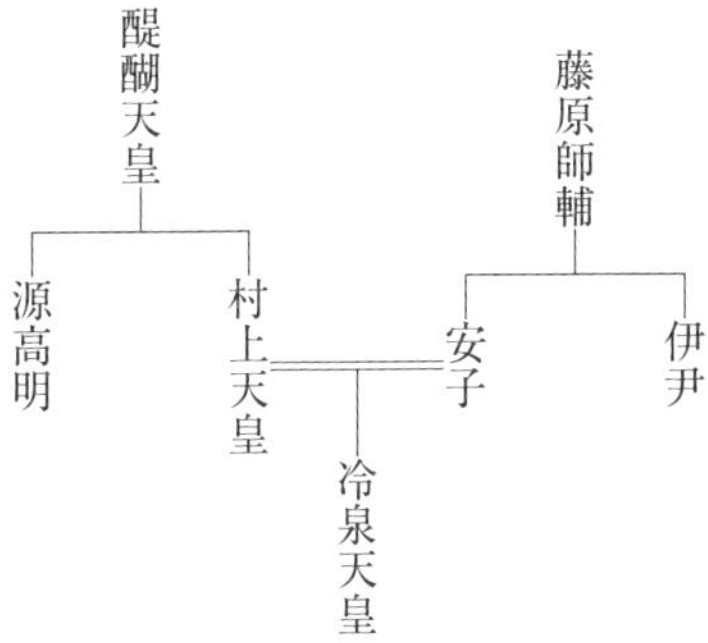

一転して、醍醐天皇は皇子たちを源氏に下し、その中で第一源氏の高明《たかあきら》が朱雀《すざく》・村上朝で順調な昇進を遂げ、姪

の冷泉《れいぜい》朝で左大臣の地位を占めた。この後、外舅の伊尹《これただ》が実頼に替わって藤原氏筆頭の大臣となれば、〈叔父の源氏と外舅の藤原氏が協力して輔佐する体制〉が再現されていたことだろう（図9）。ただし、その場合、伊尹が高明を越える地位を占めるのはむつかしい。必然的に〈左大臣源高明・右大臣藤原伊尹〉にならざるをえず、藤原氏が政治を主導する摂関政治を継続することは困難である。だからこそ、これを嫌った藤原氏が高明を排除したのだろう。

外戚の地位の父子継承

摂関家の権力の根拠として外戚《がいせき》の地位を強調する場合、子供は母の手元で生育し、母の生家で生育するから、自然と母の家族――母の父母である外祖父母や、母の兄弟である外舅――との間に極めて親しい関係が結ばれ、皇子もこの例外ではないと説明される。だから、この皇子が即位した時には、天皇の外祖父・外舅が、天皇の信頼を受けて政権中枢の高位高官に昇るのである。

この説明は間違っているわけではないのだが、厳密な言い方をすれば、母系に基づく関係が、父系に基づく関係とほぼ同等の意味を持ちえたという次元で正しいと言うべきである。前者の関係が後者の関係よりもはるかに大きな影響力を持ったということでは決してない。それは社会的な地位が父子で継承されている事実を見てもわかるだろう。

藤原不比等《ふじわらのふひと》の地位は、息子の武智麻呂《むちまろ》等に継承されている。女《むすめ》の多比能《たひの》を介して橘《たちばなの》奈良麻呂《ならまろ》に伝わったわけではない。母の橘姓を継いだ橘諸兄《もろえ》のような例もあるが、諸兄も母の地位を受けて左大臣に昇ったわけではない。令制《りょうせい》以前の蘇我《そが》氏にしても、〈稲目《いなめ》―馬子《うまこ》―蝦夷《えみし》―入鹿《いるか》〉と父・子・孫・曽孫の四代にわたる地位の継承が確認できる。入鹿を林太郎《はやしたいろう》と称しているのは母方の氏族名によるものだが、影響はその程度に止まる。また、入鹿の弟が物部大臣《もののべのおおおみ》と呼ばれているのは、物部守屋《もりや》を滅ぼした後、物部氏の財産を乗っ取った特殊な事例と考えられる。日本は元来母系が優勢だったと言われることがあるが、それも右のような次元に止まると考えるべきだろう。

安和の変―源高明の失脚

話を戻すと、結局、昇進過程でつねに先を行っていた源高明を越えて、伊尹が冷泉天皇の外舅であることを理由に上席の大臣（左大臣）になることはできない。ましてや、太政大臣に昇って左大臣の源高明の風上に立つことなど到底無理だった。〈左大臣源氏・右大臣藤原氏〉は嵯峨天皇の当初の構想である。源氏は権力に淡泊だから、上席に立っても共同執政の体制に歪みが生じることはなく、同じ権限を持つ大臣ということで、ほぼ対等な立場での体制と評価できるだろう。しかしながら、その嵯峨天皇の構想を越えて藤原氏は権力を掌握したのであり、源高明が政権トップの左大臣の地位に就くこと——嵯峨天皇の構想の再現——を座視してはいられなかったのだろう。

そこで起こったのが安和《あんな》の変である。事件は、皇太子守平《もりひら》親王（＝冷泉《れいぜい》天皇の同腹の三弟、後の円融《えんゆう》天皇）を斥け、為平《ためひら》親王（＝冷泉天皇の同腹の次弟）を擁して政権を打ち建てるクーデターを謀ったとして、左大臣の源高明らが失脚させられたものである。藤原氏の陰謀で、高明の排除が目的だったとされている。

源高明は村上天皇の生前に女を為平親王に入れていた。為平親王が即位し、女が皇子を生み、その皇子が即位すれば、高明は天皇の外祖父となる。つまり、天皇家の外戚の地位——藤原氏が権力獲得の足掛かりとした地位——が得られる。それを阻止するために藤原氏は高明を排除した、と従来は説明されてきた。

しかし、これはまったくナンセンスである。藤原氏は、逆立ちしても天皇家の一族にはなれない。だから、外戚の地位にすがった。一方、源高明はもともと天皇家の一員である。天皇と皇太子の伯父である。何が悲しくて外戚の地位など求めようか。

高明が執政《しっせい》家の祖となるつもりだったという想定は、まったくありえない話ではない。事実、鎌足《かまたり》が創始した藤原氏は、奈良時代・平安時代を通じて執政の大臣家となった。話がワープするが、神話の時代の大臣に武内宿禰《たけうちのすくね》という人物がいる。三〇〇歳の長寿を誇ったとされる伝説上の人物である。武内宿禰は第八代孝元《こうげん》天皇の曽孫で、景行《けいこう》・成務《せいむ》・仲哀《ちゅうあい》・応神《おうじん》・神功《じんぐう》・仁徳《にんとく》の六朝に仕えたとされ、葛城《かずらき》・蘇我・平群《へぐり》ら後に大臣を輩出した氏族の祖となっている。

武内宿禰の伝承自体は七世紀に形成されたと考えられているが、神話・伝承には歴史的事実とは次元を異にする「真実」が内包されている。律令国家最初の左大臣である多治比《たじひの》嶋《しま》は宣化《せんか》天皇の玄孫である。多治比氏はこれ以降大臣は輩出しなかったものの、断続的ながら公卿《くぎょう》を輩出している。また、少々次元が異なるが、清和源氏が武家の将軍を輩出している。このように、天皇家から分化した一族が執政の大臣を輩出する家になるというのは、まんざら空想の話ではないと思う。ひょっとすると、嵯峨天皇にも類似の発想があったかもしれない。

源高明失脚後の政界模様

話があらぬ方向に行ったので戻すと、源高明が権力の独占を狙って、外戚の地位を藤原氏から奪い藤原氏の存在を希薄なものとするために、自らその地位に就こうと思ったという想定は可能かもしれない。しかし、権力に淡泊な源氏がわざわざそんなことをするかと問われると、首を傾げざるをえない。

図10　左右大臣相関系図④

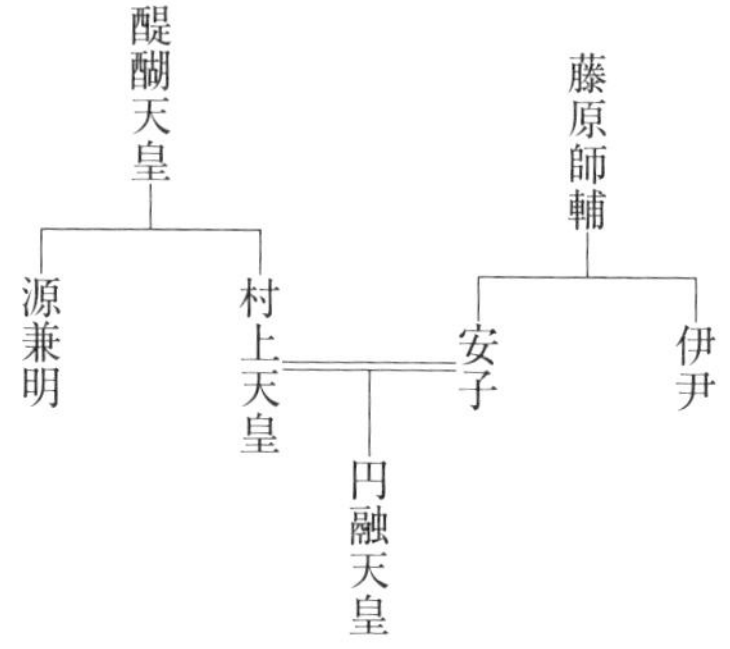

結論を言えば、安和の変は、左大臣の源高明を政界から排除し、藤原伊尹が筆頭大臣となって、藤原氏の政権を磐石なものとするために企てられた陰謀だった。為平親王の存在など関係ない。高明自身の存在が問題なのである。高明が失脚した後、源《みなもと》兼明《かねあきら》が円融《えんゆう》朝に左大臣となり、図10のようなプロトタイプの輔佐体制が再現されたが、この時、伊尹は摂政《せっしょう》太政大臣であり、両者がほぼ対等な立場での輔佐体制ではない。すでに藤原伊尹政権は磐石のものとなっていたのである。

さらに、伊尹が没すると弟の兼通《かねみち》が代わったが、兼通が関白太政大臣となって政権を確立する以前に、〈左大臣源兼明・右大臣藤原頼忠《ふじわらのよりただ》・内大臣藤原兼通〉という体制で政権が運営された時期があった。これは兼通が政権担当者としての資格・能力を備えているかを見る、いわば「お試し期間」だった。もちろん、左右大臣の協力の下で成立した体制であり、この期間は、兼明が兼通の上席だったことになる。

そのようなわけで、政権確立後も兼通は兼明に、政権担当者と下僚の大臣という関係で接することができなかったのではなかろうか。自然、兼通にとって兼明は煙たい存在になる。そこで、兼通は兼明を親王の身分に戻して、左大臣を退かせた。親王は大臣にならないという不文律があったためである。謀反《むほん》の罪を着せられ失脚した源高明と比較すれば、スマートなやり方と言えるだろう。兼明の替りには、宇多源氏（二世源氏）の雅信《まさざね》を昇進させた（図11）。すなわち、叔父の源氏の役割を従祖叔父に代えたのであり、これは初期の構想がすでに省みられなくなったことを示しているのだろう。

図11　左右大臣相関系図⑤

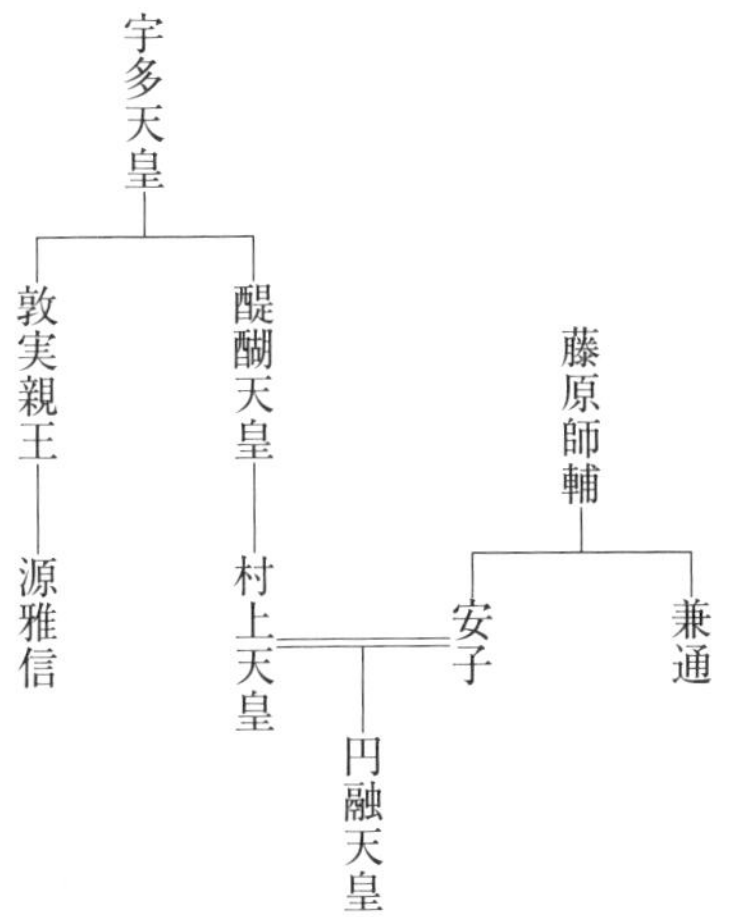

藤原氏覇権のための四段階

以上の過程は、藤原氏の側から見ると、ほぼ対等な立場を保持する源氏の地位を切り崩し、藤原氏のみが政界の頂点に立って政権を維持する体制を確立する過程だったと言える。そしてそれは次の四つの段階を経て達成されたと理解できる。

まず、左大臣に昇った高明を陰謀を企んだとして失脚させ、政界から排除した。これは強大な権力を握りかねない高明を強行手段を用いて排斥したものである。次に、伊尹が病臥した時、一般の官僚機構の秩序からすれば、左大臣の兼明が次の政権担当者となるのがもっとも穏当だったにもかかわらず、兼明自身も政権担当者の地位獲得に動くことはなかったし、政界全体としてもそう考える人々はいなかった。政権担当者の地位は外戚の中で移動し、伊尹の次弟である兼通が政権を確立した。その後、兼通は兼明を親王に復させ、政変をともなうことなく政権中枢から排除した。兼通はなるべく事を荒立てることなく兼明を除こうとしたのだろうが、兼明はこの措置に大いに不満だったようである。

さらに、花山《かざん》天皇をそそのかして出家させ、孫の一条《いちじょう》天皇の即位を強引に実現させて摂政となった兼家は、太政大臣（前関白）藤原頼忠・左大臣源雅信が上席にいる矛盾を解消するために、右大臣を辞して政権の頂点の地位を明確にし、左大臣の雅信を自身の差配の下に置いた。雅信は兼家の意向を確かめつつ、太政官の政務運営を行なったようである。すなわち、以上のような過程を通じて、藤原氏が政権の頂点に位置する体制が定着・固定したのである。

そして、これを契機として源氏のあり方が変わった。雅信の弟の重信《しげのぶ》が長徳元年（九九五）に左大臣で没して以後、村上源氏《むらかみげんじ》（二世源氏）の師房《もろふさ》が治暦元年（一〇六五）に内大臣に任じられるまで、七〇年間の長きにわたって源氏から大臣が出なかった。この後、貴族社会の家格が固定すると、村上源氏は世代を重ねて大臣を輩出する清華家《せいが》（久我家《こが》）になった（その他では、後三条《ごさんじょう》天皇の孫である源有仁《みなもとのありひと》が右大臣になっている）。大臣以外では、花山源氏《かざん》（二世源氏）は神祇伯《じんぎはく》を歴任する白川伯王家《しらかわはくおうけ》になり、清和源氏《せいわ》（二世源氏）は軍事貴族になり鎌倉幕府の将軍家となっている。

清和天皇の悲嘆

藤原良房の最後の人事

話を貞観十四年（八七二）の〈左大臣源融・右大臣藤原基経〉という共同執政体制に戻そう。前節で見たごとく、これはおそらく嵯峨天皇が構想した体制であり、藤原良房はそれに基づいてこの体制を用意したと考えられる。つまり、良房はこれまでの自分の摂政体制はあくまでも臨時のものと考えていた。むしろ藤原氏は一歩下がった形での、源氏・藤原氏の共同執政体制があるべき姿と考え、実際にそうした人事を行なったのだろう。この体制がこの時機能していれば、後の摂関政治もなかったかもしれない。

ところが、良房が没すると、清和天皇は左大臣源融を差し置いて、右大臣である基経に摂政を命じた。この摂政は後の（天皇大権の代行者としての）摂政とは異なり、「政を摂る」という一般的な意味で、政権のトップとして国政に当たる地位を意味するものと考えた方がよい。ただ、これでは融の面目が立たないだろう。

融はこの時は自重したものの、四年後の貞観十八年（八七六）に九歳の幼帝陽成《ようぜい》天皇に譲位するに際して、清和天皇が基経に対し（陽成天皇に代わり）天下之政を摂行せよと命じて、実質的に後世の摂政と同じ権限を与えたことで、我慢の限界を越え、自邸に引き隠り朝廷に出仕することがなくなったという。不満を公然と表明したのである。

融の国政への復帰は、陽成天皇が退位に追い込まれ、清和天皇の血脈が天皇家として断絶した後だった。結局、貞観十四年の時点ですでに政界の秩序は破綻していたということだろう。陽成天皇の退位の時点では、基経はすでに太政大臣になっていたから、復帰した融は基経の下僚となったが、融がそこに拘泥した様子はない。だとすれば、自邸への引き隠りは、基経への反発ではなく、清和天皇に対する憤慨だったことがわかる。

ではなぜ清和天皇はこのように角が立つのも顧みずに基経を摂政の座に就けたのだろうか。それは清和天皇が基経に対して自分が（人事権を握り、基経を含めた全官人の上に君臨する）君主であるということを示したかったからだと筆者は思う。〈左大臣源融・右大臣藤原基経〉という体制は良房が構築した体制だった。清和天皇が即位した時からそうだった。すべてを良房がお膳立てしてくれて、清和天皇は安心して良房にすべてを任していればよかった。

しかし、それでは清和天皇はいつまで経っても独り立ちした天皇にはなれない。もちろん、良房は外孫である清和天皇のためにと一途に思って国政運営に励んでいた。清和天皇を傀儡《かいらい》として自分が独裁的な権力者になろうなどとは微塵も考えていない。

天皇に対する畏怖

先に説明したごとく、嵯峨天皇と冬嗣の段階では、両者の間に厳然と君臣関係が存在し、冬嗣は嵯峨天皇に対して「畏怖」の念を持っていた。一方、清和天皇と良房の段階では、〈天皇—官僚機構〉においてパートナーシップがすでに成立していた。お互いがそれぞれ自分に与えられた責務を果たすという関係である。良房には清和天皇に「畏怖」の念などまったくない。ただし、清和天皇と良房との間には、孫と祖父という、これ以上ない親密な関係があった。二人はお互いに絶大な信頼を寄せていた。この信頼関係によって、〈天皇—官僚機構〉というパートナーシップは問題なく機能していたのである。

しかし、嵯峨天皇から仁明天皇、文徳天皇、清和天皇と経るにつれて、君主としての権威権力がなくなったことは否定しようがない。孫と祖父ではあるが、清和天皇にとって良房は臣下の一人である。極端な言い方をすれば、臣下に「畏怖」の念を抱かれない天皇は天皇として半人前だった。だから、清和天皇は一人前の天皇となるため、良房の政権構想に変更を加え、基経を摂政に任じた。「親離れ」という言葉があるが、この場合は「祖父離れ」だった。清和天皇はこの人事によって、基経が（「畏怖」の念とは言わないまでも）自分を一人前の天皇と認め、臣下として仕えてくれることを望んだものと思う。

清和天皇は、結果的に、父文徳天皇が即位を願った長兄惟喬親王を押し退けて即位したこと、それは自分が良房の外孫だったからにすぎなかったこと、さらに、自らの治世はすべて良房の主導下に国政が行なわれ、自らは桓武天皇や嵯峨天皇のような真の国政の領導者にはなれなかったことに絶望し、天皇の位を去ったのである。繰り返しになるが、良房は清和天皇のために誠心誠意尽くし、清和天皇の治世が後世称讃されるように国政を補佐した。しかし、清和天皇が即位した時、すでに良房を中心として国政が行なわれる体制が出来上がっており、清和天皇はその状況の下で天皇として自らに与えられた役割を果たすしかなかったのである。

先の「畏怖」をキーワードにすると、官僚たち（官人たち）が「畏怖」の念を抱いたのは嵯峨天皇に対してだった。それは、嵯峨天皇が譲位し、実質的に天皇大権を放棄した太上天皇となっても変わらなかった。つまり、嵯峨太上天皇への「畏怖」の下で、〈仁明天皇―官僚機構〉が円滑に機能したのである。言葉を換えれば、嵯峨太上天皇の存在がなくなれば、〈仁明天皇―官僚機構〉は即座に機能不全を起こす。それが端的に現れたのが承和の変だった。仁明天皇は嵯峨太上天皇に取って代ることはできなかったのである。極論すれば、これ以降、天皇は官僚機構の単なるパートナーになったのであり、国政運営は官僚機構に委ねられるべきものだったから、必然的に、官僚機構を統御する国政担当者――つまりは藤原良房――が国政の中心となったのである。

天皇と官僚のパートナーシップ

嵯峨朝では、嵯峨天皇を中心に国政が動いていた。清和朝では藤原良房を中心に国政が動いていた。天皇はそれに付属する存在でしかなかった。これが決定的な違いだった。

良房が没した時、清和天皇はひそかに天皇が国政の中心に位置する状況をふたたび実現できるかもしれないと思い願ったのではなかろうか。幼い時に即位したとはいえ、自分は在位一四年の経験があるのに対し、新たに国政担当者となった基経は自分の治世下で昇進し右大臣に任じられたばかりである。すなわち、この状況は嵯峨朝の藤原冬嗣や仁明朝の藤原良房と同じ状況である。嵯峨太上天皇の存在があるとはいえ、良房は仁明天皇に対しても忠誠心を抱いていただろう。

しかし、残念ながら、清和天皇のこうした期待がかなえられることはなかった。なぜならば、基経には清和天皇に昇進させてもらったという意識はなかったからである。嵯峨天皇や仁明天皇は自らの意志で冬嗣・良房を国政担当者に指名したが、基経を指名したのは清和天皇ではなく良房だった。もちろん、手続き的には、良房が清和天皇に人事を進言し、清和天皇が詔を発して基経を右大臣に任じたのだが、それが清和天皇の意志に反したことではないにしても、基経に右大臣の地位を与えた真の最高権力者が良房だということは誰の目にも明らかだった。

だからこそ、先述のごとく、清和天皇は自らの意思表示として基経に摂政を命じたのだが、その思いは基経を含めた他の官人たちには届かなかった。むしろ、良房がせっかく用意してくれた構想を無にし、何一つ過失のない源融の面目を失わせたことに対して、批判する方が強かったのではないかと思う。良房の人事を覆すことなど、官僚たち（官人たち）はだれ一人望んでいない。にもかかわらず、清和天皇がそれを行なった。それはパートナーシップに反する行為であり、許されざる行為である。もっと言えば、天皇の権限

（＝パートナーとしての領分）を越えた行為だと思ったのではなかろうか。

基経を含めた官僚機構（＝総体としての官人たち）は、清和天皇の意志を絶対的なものとは考えなかった。天皇が廟堂構成を決定し国政担当者を決定し、国政担当者は自らの国政運営に落ち度があれば天皇から叱責を受け責任を取らされるとは考えなかった。官僚機構も良房が基経に替わっただけと理解した。したがって、それまでと同じ政治権力のあり方が続くこととなった。おそらく、清和天皇の譲位はこうした状況に絶望したことが引き金となったのだろう。

藤原基経の国政運営

陽成天皇の拙い行動の余波

それでも、清和天皇は右のごとき状況を自らの宿命と思い定め、自らの果たすべき役割を譲位まで果たした。一方、陽成天皇は右のごとき状況を違った意味で理解した。陽成天皇は、天皇に相応しくない不行跡を重ねたとされるが、少し違う。実は、退位の直前まで儀式にも積極的に臨んでおり、陽成天皇なりに立派な天皇になろうと努力していたことが窺える。

当然のことながら、初めからうまくできるわけがない。様々な儀式・政務を重ねていく中で手順を覚え、どういうふうに行動すればよいかを学習していくのである。しかし、官僚たちからすれば、拙《つたな》い陽成天皇が何か行動するたびに、それをフォローするために対応しなければならず、それだけ自分たちの仕事がふえることになる。ほとんどの政務運営は、基経の下で官僚機構だけで処理できる。陽成天皇には、律令国家のシステムを維持する上で、天皇の権限でしか行なえない手続きを処理してもらうだけでよかった。極端な言い方をすれば、陽成天皇には官僚機構がこれをして下さいと言ったことだけを行なってくれた方がよほど楽なのである。余計なことはしなくてよい。ただ、それは陽成天皇に操り人形になれと言っているに等しい。官僚機構が天皇の自発的な行動を「余計なこと」と感じること自体、天皇と官僚機構との関係が本来あるべき姿とはかけ離れたものになってしまっていることを物語っていよう。

清和天皇と良房の時は違った。清和天皇も初めは拙かったはずである。手順を間違えることもあっただろう。しかし、その時は良房が側にいて、小声で「違いますよ。こっちですよ」と教えれば、清和天皇は正しい行動を取ったことだろう。良房はうれしくて仕方がなかったはずである。拙かった清和天皇が、段々と立派な天皇に成長していく。それに自分が関われている。清和天皇の成長は、良房の人生の目的となったと思われる。

儀式や政務の執行にいくら手間取ろうとも、良房にとって何の苦痛でもない。逆に、嬉々として清和天皇を世話しただろう。良房がそうならば、官僚たちもそれぞれに自分の役目を果たしただろうし、それを（不要な）手間とは感じなかったはずである。

陽成天皇と基経の場合は違った。基経にとって、天皇は国政運営のパートナーであり、それ以上でも以下でもなかった。陽成天皇が立派な天皇に成長してほしいなどとは、基経は考えなかった。パートナーとしての天皇は、初めから立派な天皇であるべきなのである。だとすれば、陽成天皇が拙いことは困ったこと以外のなにものでもない。だから、基経は陽成天皇に冷淡になり、それにつられて官僚たちも冷淡になっていく。しかし、これでは陽成天皇の立つ瀬がないだろう。

藤原基経のプロフィール

良房と基経でこれだけ対応が違うのはなぜか。そこには基経の人格形成が関係していると思われる。少し回り道になるが、ここで基経の生い立ちを見ておこう。

藤原基経は、良房の同母の兄長良《ながら》の三男として生まれた。通常ならば、長男の長良が冬嗣の地位（嵯峨朝の廟堂《びょうどう》筆頭の右大臣、淳和朝の左大臣）を継承するはずだった。ところが、次男の良房が嵯峨天皇に見込まれ、皇女である源潔姫《みなもとのきよひめ》を妻に与えられたため、良房が冬嗣の後継者として仁明朝の廟堂で頭角を現わし、ついには太政大臣・摂政にまで昇りつめる。それに対して、長良は権中納言《ごんのちゅうなごん》で生涯を終えたから、長良の三男である基経に輝かしい将来はなかったはずである。

ところが、基経は仁寿二年（八五二）に蔭孫無位から蔵人に補される。一七歳だった。この時、父の長良は位階は正三位と高かったものの、参議にしかすぎなかった。しかも、前年に同母弟（冬嗣五男）の良相が正四位下参議から（長良を超えて）従三位権中納言に昇進している。そのような長良の子としては、この任官は破格の扱いだった。

蔭孫とは、祖父が高位高官の場合、その地位に基づいて優遇を得られる身分を言う。これから官人としてスタートするのだから無位なのであり、蔵人からスタートするのはエリート中のエリートだった。これは長兄国経《くにつね》とは比ぶべくもない処遇であり、この時すでに（男子に恵まれなかった）良房の後継者と目されていたと思われる。一つ気になるのは、国経と次兄遠経《とおつね》の母が難波淵子で、藤原乙春《ふじわらのおとはる》所生の基経と母が異なる点である。しかし、乙春の父総継《ふさつぐ》の地位もそれほど高くはなく、このころはまだ複数の妻の間に嫡妻と妾の差がほとんどなかったから、基経が長良の嫡子として優遇された可能性は低い。つまり、基経は長良の多くの息子の中から選ばれたのである。

おそらく、良房にも兄を押し退けて出世の階段を昇ったという負い目があったのだろう。自分に実子がいないのであれば、兄の長良の子をと考えるのは自然なことである。基経が良房の養子なのか猶子《ゆうし》なのか、それとも姪《おい》にすぎないのかは従来議論のあるところだが、本書では漠然と後継者としての「子」と考えておく。

ただ、単純に長良の長男である国経を後継者にしなかったところからすれば、まだ幼い姪たちとはいえ才能ある者を選ぼうという意識があったことが見て取れる。もし長良の息子たちの中にめがねにかなう少年がいなければ、姪たちは長良の息子以外にもたくさんいたのだから、そこから選べばよい。良房自身も、嵯峨天皇に将来を見込まれて現在の地位にまで昇った人だった。自分の後継者も自分の目で見極めて決めようと思ったのは自然なことだろう。

つまり、基経は良房に選ばれたのであり、望まれて良房の後継者になったのである。この〈自分は良房に選ばれた〉という意識が、大げさな言い方をすれば、基経の一生を貫き、基経の人生を決定づけたとも言える。

父良房との政治手法の違い

蔵人に補されて官僚としての生活がスタートした二年後の斉衡元年（八五四）に従五位下に叙され、基経は貴族の仲間入りをする。きっと輝かしい未来が約束されたと思ったことだろう。その後、貞観六年（八六四）に参議、同八年（八六六）に七人を超越して中納言、同十二年（八七〇）に大納言に任じられた。とんとん拍子の出世である。そして、貞観十四年（八七二）、良房が病篤くなると、大納言の源融と基経がそろって左右大臣に任じられた。そして、良房が亡くなった後、清和天皇が基経に摂政を命じた顚末は、先に説明した通りである。

良房と基経とでは経験に大きな差があるが、それを措けば、一見すると政治体制は同じであるように見える。しかしながら、両者は本質的にも大きく違っていた。良房の基本姿勢は、清和天皇のためにである。自分はどうなってもよい。つまり、「利他」だから「欲」がない。ところが基経は、陽成天皇など極言すれば手駒の一つくらいにしか思っていない。基経の目的は、自分の手で理想の政治を実現することである。そこには自分しかない。だから「利己」であり、理想政治の実現も「欲」なのである。

基経は、官僚機構の頂点に立って、官僚機構を指揮し、理想とする政治――具体的には、良房が指揮した清和朝の政治である――を実現することを目指した。実際に、官僚機構は何の支障もなく機能し、円滑な国政が行なわれた。その状況を見て、陽成天皇は、天皇である自分がいなくとも基経がいれば国政運営に支障がないことに気付いたのである。

自分が天皇として政務に精を出せば出すだけ、基経をはじめとする官僚機構は迷惑そうな顔をする。自分は基経の甥だから天皇になっただけにすぎない。自分という個人が必要とされて天皇になったわけではない。

陽成天皇の強すぎる使命感

そんな自分の頑張りが基経をはじめとする官僚機構に歓迎されるわけはないだろう。このことに気付いた陽成天皇の行動は、その時から徐々に無責任なものになっていき、その状況は元慶四年（八八〇）に清和太上天皇が没するとますます度を加えていった。

清和太上天皇が没する直前、陽成天皇は清和太上天皇の命として基経を太政大臣に任じている。『公卿補任《くぎょうぶにん》』ではさらに、基経がこの年に摂政から関白に転じたとされており、基経の国政担当者としてのあり方が若干変わったことが窺える。このことが多少影響しているのかもしれないが、本質は、基経（とすべての官僚たち）に対する反発・抵抗だったことは確かである。それはある意味では、稚拙ではあるものの陽成天皇なりの基経に対する抗議――なぜ自分を天皇（＝君主）として扱ってくれないのか。なぜ臣下として天皇に仕えてくれないのか――と考えることもできる。

しかし、陽成天皇の行動は、基経には天皇としての自覚がない行為としか映らなかった。

また、陽成天皇が母の皇太后藤原高子《ふじわらのたかいこ》（基経の実妹）の後見を背景に、基経から自立して国政を行なおうとし、それに対して、基経が陽成天皇の排除を考えたとする考え方もあるが、その正否を判断するのはむつかしい。基本的には、天皇たりえなかった天皇の悲嘆を清和天皇から引き継いでしまった陽成天皇が、若さゆえに、無軌道な行動で基経に抗議したものの、その真意は基経に届かなかったと理解したい。

新天皇擁立の最終決断

基経は、自分が（天皇から国政を委ねられ）最高権力者・国政担当者として国政を運営する状況の下で、天皇は（清和天皇のごとく）天皇としての役割を果たす責任があると考えていた。その考えからすれば、陽成天皇は完全に天皇として失格だった。そして、ここから相応しい人材を天皇に擁立しようという考えが生まれてくる。

余言すれば、基経をこうした考えに至らせたのには、清和天皇が良房の外孫であり、陽成天皇が基経の甥だったことがあったのかもしれない。清和天皇は立派な天皇だったのに、なぜ陽成天皇はこんなにも出来が悪いのか。基経にとって、そのことは良房と自分との能力の差と連動するもののように思えたのではなかろうか。そして、それは基経にとって我慢のならないことだったと思われる。

しかし、思えば右の考えは臣下が実質的に天皇の廃立を行なうことなのであり、国家の基本的なあり方からは逸脱した考え方だった。しかし、清和朝の政治のあり方を絶対視して疑わず、また現在の最高権力者・国政担当者としての自らのあり方を正しいと信じる基経には、天皇に相応しい人物を天皇に戴くことが正しい政治のあり方であり、何よりも重要なことと思われたに違いない。

陽成天皇の廃位

基経が打算的な人物であれば、こうした行為には出なかっただろう。陽成天皇が遊び惚けていれば、国政は基経の思いのままだからである。しかし、先述のように〈自分は良房に選ばれたのだ〉という意識が人格形成の基礎となっている基経は、自分がそれだけの能力を持っていることを証明したいし、自分でも確認したかった。そして、自分を後継者に指名してくれた良房の期待に応え、また官人たち（官僚たち）に自らの有能さ——良房の後継者たるに相応しい有能さ——を示すためにも、正しい政治のあり方を実現しなければならないと思った。

新帝擁立ではじめて分かる現実

すなわち、基経が理想追求型の人物だったからこそ、このような行動に出たとも言える。

若干病的な思い入れの傾向が見られるが、純粋であることは確かである。官人たち（官僚たち）もそれを理解し、基経を支持したのである。その意味で、陽成天皇の廃位は貴族たち（官人たち）全体の意志だったと言える。

元慶八年（八八四）、ついに基経は陽成天皇を退位に追い込む手段として国政のサボタージュを行なった。これは陽成天皇の後見を放棄することであり、自分がいなければ国政は動かないことを確信しての行動だった。実際、官僚機構は動かず、国政はマヒしてしまった。一般には、困惑した陽成天皇は、自らの退位によって事態の打開をはかるより他に術がないと判断し、自ら天皇の地位を退いたと考えられているのだろうが、しかし、はたして陽成天皇はこの事態に困ったのだろうか。

陽成天皇は自ら欲して天皇になったわけではなかった。基経が最高権力者としてある中で決まり切った役割しか果たすことができない天皇の地位など、捨て去ることに何のためらいもなかったのではなかろうか。退位しても太上天皇の尊号を受ければ、より自由な身分になれる。陽成天皇にとってはそれはむしろ望むべきことだったろう。

だとすれば、陽成天皇は何の未練もなく、後のことはすべて基経に任せて退位したものと思われる。したがって、大変だったのはすべての事後処理を任された基経をはじめとする官僚機構（＝総体としての臣下たる官人たち）だったろう。彼らは次の天皇を擁立しなければならなかった。

称徳《しょうとく》天皇の没後に白壁王《しらかべおう》（光仁《こうにん》天皇）を擁立した例があるが、あの時は称徳天皇の遺《い》詔《しょう》というかたちを取って白壁王が立太子した。本当に称徳天皇が遺言をしたのかどうかはわからない。むしろ、光仁天皇擁立派の策謀だった可能性が高い。しかし、称徳天皇が即位を命じたという形式が取られたことによって、光仁天皇は何の支障もなく皇位に即くことができたのである。

ところが、今回はそのようなかたちを取ることはできなかった。陽成天皇が次の天皇を指名して退位したという詔書を作ることはできるが、存命の陽成太上天皇は自分はそのような指名はしていないと声高に叫ぶだろう。そうなれば、偽の詔書を作ったことになる。正真正銘の国家犯罪である。

だから、文字通り臣下が新しい天皇を選定し、擁立しなければならなかった。おそらく、実際にこの状況にいたってはじめて、基経を含めた官人たちは（臣下が天皇を位から追ったという）事態の異常さに気付いて慄然としたのではなかろうか。

慈円が説いた基経擁護論

慈円《じえん》の著した『愚管抄《ぐかんしょう》』巻七には次のような記述がある。

サテスヱザマ《（末様）》ハ、（中略）昭宣公（＝藤原基経）ノワガヲイ《（我が甥）》ノ陽成院ヲオロシ《（降）》タテマツリ《（奉）》テ、小松の御門（＝光孝天皇）ヲタテ《（立）》給イシヨリ後ノ事ヲ申ベキ也。イカニ国王ト云ハ、天下ノサタ《（沙汰）》ヲシテ世ヲシヅメ《（鎮）》民ヲアハレム《（憐）》ベキニ、トヲ《（十歳）》ガウチ《（内）》ナルヲサナキ《（幼）》人ヲ国王ニハセンゾト云ダウリ《（道理）》侍ゾカシ。次ニ国王トテスヱ《（据）》マイラセテ後ハ、イカニワロク《（悪）》トモ、タヾサテコソアラメ。ソレヲワガ御心ヨリヲコリ《（起）》テヲリ《（降）》ナントモ仰ラレヌニ、ヲシ《（押）》オロシ《（降）》マイラスベキヤウナシ。「コレヲ云ゾカシ、謀反トハ」ト云道理又必然ノ事ニテ侍ゾカシ。其ニコノ陽成院ヲオロシ《（降）》マイラセラレシヲバ、イハレズ昭宣公ノ謀反ナリト申人ヤハ世々侍ル。ツヤ〳〵トサモヲモハ《（思）》ズ又申サヌゾカシ。御門ノ御タメカギリ《（限）》ナキ功ニコソ申ツタヘ《（伝）》タレ。

現代語訳すると、大体、以下のようになる。世も末の状況は、藤原基経が甥の陽成天皇を廃位し光孝天皇を擁立して以後のことを言う。天皇は国をよく統治して民衆に恩恵を施すべき存在でなければならないのに、一〇歳にも届かない幼児を天皇にしようとすることに道理などあるはずがない。ただ、そのような幼児を（避けがたい理由により）天皇にしたならば、その天皇がいかに描くとも治世を全うさせるべきである。それを、自発的に退位しようと言い出さないのに、圧力をかけて退位に追い込むのは筋が通らない。「これは謀反だ」と言う道理もまた必然のことである。余計なことに、陽成天皇を廃位した行為は、正当性のない基経の謀反だと言う人々はいつの世にもいる。しかし、決してそうは思わないし、言いもしない。逆に（基経の行為は）天皇（家）のためには究極の功績だったのであり、このことをしっかりと言い伝えていかなければならない。

いかにも苦しい言い方である。陽成天皇が無軌道な行為を繰り返したとはいえ、基経は天皇を退位に追い込んだ。実質的には廃位だった。ルイ十六世を国王の座から引きずり降ろしギロチンに掛けたフランス革命も、ニコライ二世を打倒したロシア革命も、イギリスのチャールズ一世を処刑した清教徒《せいきょうと》革命も、ジェームズ二世を国王の座から追った名誉革命も、すべて「革命」と表現される。

特に最後の名誉革命は王制を廃止したわけではなく、王を替えたに止まる。だから「名誉」が冠されているのだが、これは陽成天皇の廃位の状況とほぼ同じである。革命を起こした側が正義に位置づけられたから「革命」と言われるが、旧体制の側から言わせれば、「謀反」以外のなにものでもない。基経の行為が「謀反」と言われるのも理由のないことではない。

現在にその痕跡は残っていないが、基経の行為を謀反だと言う人々が実際にいたと考えるべきなのだろう。慈円は藤原忠通《ふじわらのただみち》の子で、兼実《かねざね》の同母弟である。摂関家の人間として、祖の基経が世の人々から謀反人だとささやかれているのは、到底見過ごすことはできまい。慈円は、基経の行為を謀反だと言う人々がいることを認めた上で、結論としては天皇家にとっては逆に最大の功績だったと主張する。

藤原摂関家の弁明

臣下たる貴族たちによる天皇の廃立は、慈円に言わせれば、国をよりよい方向に導くための必要不可欠な行為に他ならない。廃位される天皇にはそれ相応の理由があり、その天皇の在位を許せばこの国の存立自体が危うくなる。だから、神がその天皇の治世を許さないという啓示があった場合には、貴族たちは神に代わってその天皇を天皇の座から引きずり降ろし、新たな天皇を擁立した。これにより、断絶することなく天皇家の子孫が皇位を継承し、今日までこの国は繁栄を続けてきたのだと結論している。

神による天皇に対する譴責《けんせき》を持ち出さなければ、基経の行為を正当化することはできなかった。ということはすなわち、基経の行為は正当化できるものでは決してないと言っているに等しい。しかし、もう後もどりはできなかった。基経をはじめとする官人たちは速やかに時康《ときやす》親王（光孝《こうこう》天皇）を擁立した。

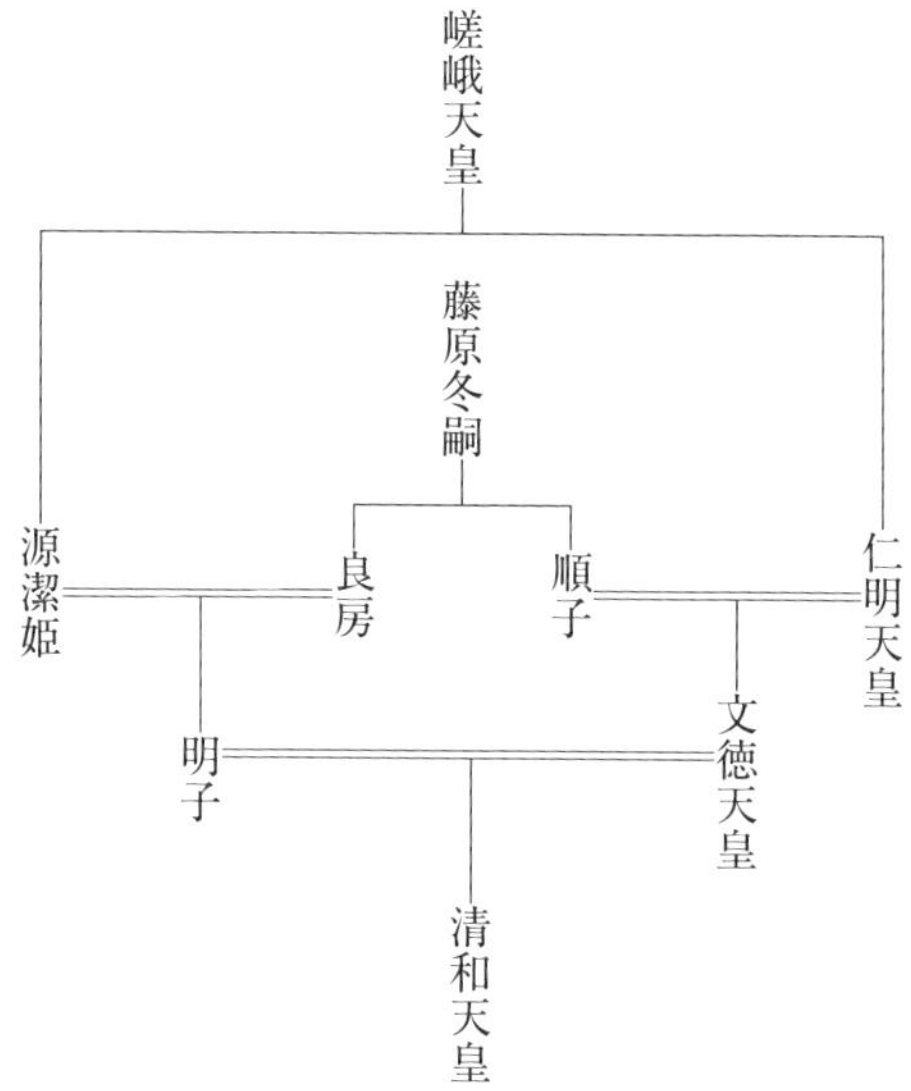

図12　外戚系図①

新帝人選の方針

基経の理想追求型の性格は新天皇の人選においても見られる。執政者としての良房のあり方の基底には、天皇（および皇太子）の外戚という性格と官僚機構を統御する輔弼《ほひつ》の臣という性格とがあった。摂関政治は、外戚の地位に依拠して確立された政治形態と説明されている。この当時もそれと同じように、外戚という側面ばかりが印象づけられる傾向にあったのではないかと思う。しかし、基経は外戚であることは副次的なことで、良房や自分が執政者としてあるのは政治的能力（＝輔弼の臣としての能力）以外の何ものでもないと考えていたし、またそのことに誇りを持っていた。

図12を見れば明らかなごとく、清和天皇は嵯峨天皇の血脈と藤原冬嗣の血脈とが交差し

凝結したところに位置する。つまり、天皇家と藤原氏の外戚関係は冬嗣が構築し良房が継承したものなのである。さらに、基経の妹である高子を母とする陽成天皇では、藤原氏の血脈がより濃くなっている（図13参照）。

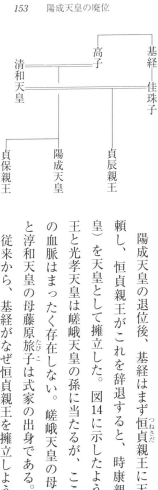

この状況では、基経がいくら自身の政治的能力に誇りを持って国政に臨んでも、他の官人たちは外戚としての基経を意識しないわけにはいかないだろう。そこで、基経は外戚の地位を捨て去ろうとした。もちろん、これを捨て去っても自身の政治的能力によって執政者としての地位は微塵も揺るがないと確信していたためであり、それを他の官人たちに知らしめようとしたのである。

図13　外戚系図②

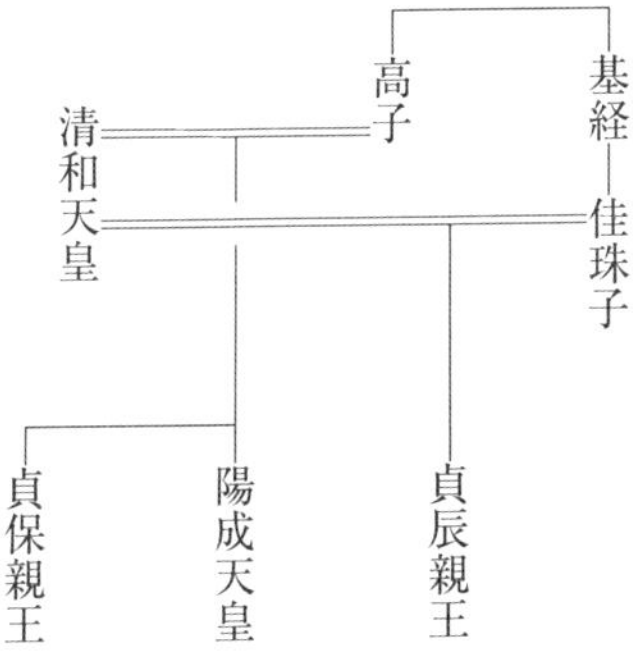

陽成天皇の退位後、基経はまず恒貞《つねさだ》親王に天皇就任を依頼し、恒貞親王がこれを辞退すると、時康親王（光孝天皇）を天皇として擁立した。図14に示したように、恒貞親王と光孝天皇は嵯峨天皇の孫に当たるが、ここに藤原冬嗣の血脈はまったく存在しない。嵯峨天皇の母藤原乙牟漏《ふじわらのおとむろ》と淳和天皇の母藤原旅子《たびこ》は式家の出身である。

従来から、基経がなぜ恒貞親王を擁立しようとしたのか

図14　天皇家系図

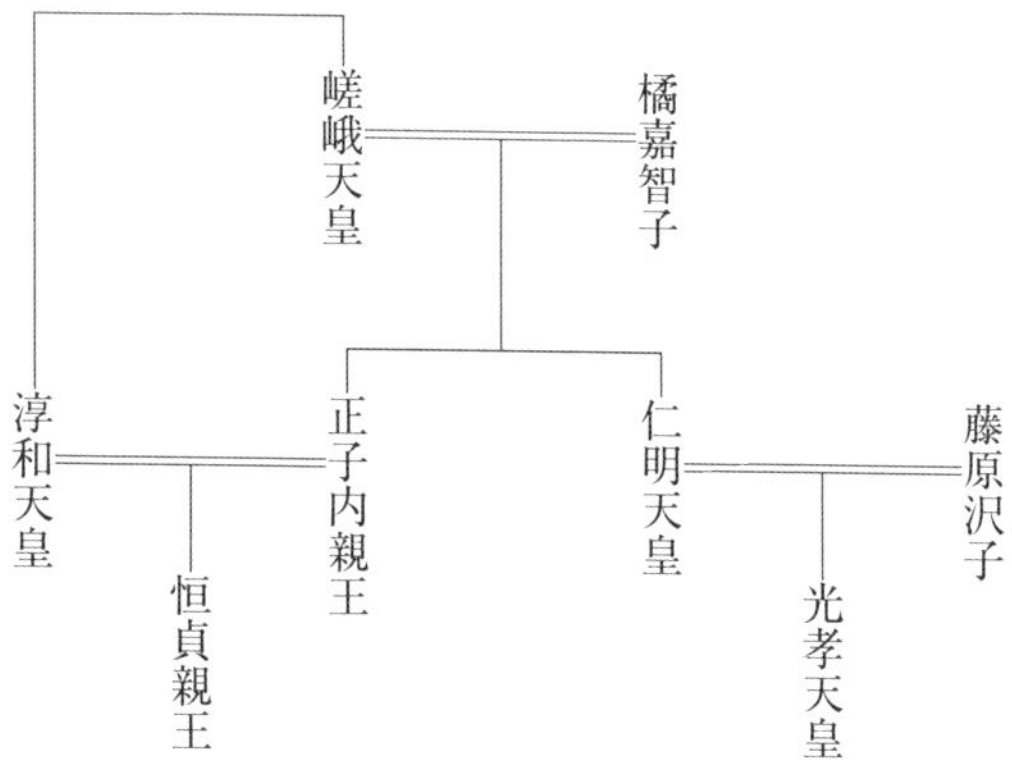

という点について明確な説明はなされていない。あからさまに言ってしまえば、理由が誰にもわからないのだが、筆者は基経が外戚の地位を捨て去ろうとしたという点に着目すれば、基経の思いがわかるのではないかと思う。

外戚の地位にこだわらず

すなわち、藤原北家は〈内麻呂—冬嗣—良房—基経〉と執政の地位を継承してきたが、天皇家と外戚関係を構築したのは承和の変で恒貞親王が廃太子され道康親王（文徳天皇）が立太子して以降だった。だとすれば、承和の変以前の状況に戻せばよい、天皇家との外戚関係などなくとも執政の地位は継承できたはずだ、基経はそう考えたのではなかろうか。それを証明するために、基経は嵯峨天皇が構想した恒貞親王の即位を実現し、そこから再スタートしようと思ったのではなかろうか。

しかし、恒貞親王に即位を辞退された基経は、もはや淳和系の血統にこだわる必要はなくなった。仁明系の中で候補を考えればよい。第一皇子の文徳天皇は、とっくの昔に亡くなっており、第二皇子の宗康《むねやす》親王もすでに没していた。したがって、第三皇子の時康親王（光孝天皇）が仁明系の最年長であり、年齢の問題を措けば、もっとも穏当な候補だったと言える。

光孝天皇の母藤原沢子《ふじわらのたくし》は北家出身だが、冬嗣とは家祖房前《ふささき》まで遡らなければ祖を同じくせず、基経と血縁関係があったとも言いにくい。基経の母乙春と沢子とが姉妹だったことが光孝天皇擁立の決め手の一つで、これにより基経は外戚に準ずる立場を得たと言われることがあるが、その可能性も低いと思う。

光孝天皇のイトコにあたる藤原有穂《ありほ》（総継《ふさつぐ》孫、直道《なおみち》息）が即位式の当日に従五位下に叙されており、外戚に準ずる扱いだと思われるが、有穂はこの時四七歳だった。この後、有穂が急速に昇進し、大臣の一角を占めて権力を握り、光孝天皇の補佐をする状況は想像しにくい（長寿を保ち、醍醐朝初に中納言まで昇進した）。だからといって、それに代わって基経が（外戚に準ずる立場で）光孝天皇を補佐したと考える必要もないと思う。これはおそらく、摂関政治といえばすぐに外戚関係を連想する固定観念が行き過ぎた結果であり、このような考えにとらわれていては基経の真意は理解できまい。

図13に示したように、基経が新天皇と外戚関係を維持しようと思えば、陽成天皇の弟貞《さだ》保《やす》親王を擁立してもよかったし、佳珠子《かずこ》の生んだ貞辰《さだとき》親王を天皇にすれば、良房とまったく同じ外祖父になれた。それにもかかわらず、恒貞親王や時康親王（光孝天皇）を擁立しようとしたのは、基経が純粋に自らの政治的能力のみに依拠して万人が認める執政者たろうとしたためだと筆者は思う。自意識過剰とも言えるが、理想を追い求める基経の姿勢と好意的に理解したいと思う。

光孝天皇の行動原理

光孝天皇は仁明天皇の皇子で、即位時すでに五五歳で、四九歳の基経より年長だった。世代的には二世代逆戻りしたことになる。基経が時康親王の人となりを高く評価したのをはじめ、官人たちの間でも評判はよかったことを窺わせる逸話が残っている。その人柄を見込んで、基経が天皇に推挙したというのだが、先述したように、もっとも穏当な人選だったことからすれば、逸話は後からできた可能性も考慮しなければならないだろう。ただ、光孝天皇が天皇に相応しい人物だったことは間違いなかった。基経は、これで理想の政治が実現できると確信したことだろう。

しかしながら、基経には致命的な計算違いがあった。陽成天皇は甥だったから、基経としては基本的に「上から目線」で相対していた。自分の手駒の一つと見做していた。しかし、光孝天皇は年長なだけに、「上から目線」で対応することができなかった。単純な人間関係だが、単純なだけに意外と大きな影響があると思う。

また、光孝天皇が理想として思い描いたのは嵯峨朝（もしくは仁明朝）の政治のあり方だった。基経が理想としたのは清和朝の政治だったが、清和天皇は光孝天皇からすれば姪《おい》である。自然な感情からしても、姪の治世を理想だとは思わないだろう。光孝天皇は祖父の治世、父の治世をあるべき姿だと思っていたのである。

そして、さらに重要な点は、嵯峨朝・仁明朝の政治のあり方と清和朝の政治のあり方が本質的に異なることに、光孝天皇が気付いていたことである。光孝天皇は、源氏になって臣籍に降下することなく親王の身分を保つことができたが、文徳天皇・清和天皇と皇統が固定していた段階では、自分が即位することなど夢にも思わなかった。したがって、文徳朝・清和朝の政治を傍観者として外から客観的に冷静に見ることができた。

嵯峨天皇や仁明天皇は政治の中心にいたものの、清和天皇は藤原良房の周囲を回っている存在にすぎなかった。「あれでは一人前の天皇とは言えまい。」光孝天皇は姪の位置づけを冷静にそう見ていたのではなかろうか。即位後の光孝天皇の行動からすれば、むしろ桓武朝のそれに近いのかもしれない。端的に言えば、光孝天皇は国政の主導権を天皇の手に取り戻そうとしたのである。

嵯峨天皇は信頼する官僚たちに国政を委ねた。それは清和朝の政治のあり方と同じである。光孝天皇がこのあり方を踏襲すれば、天皇が政治の中心に戻ることなど期待すべくもないだろう。だからこそ、光孝天皇は年中行事として行なわれる朝廷の儀式や日常の政務に積極的に、主体的に関わっていったのである。もちろん、陽成天皇のように稚拙な振舞いをして、官僚たちから見咎《みとが》められることは絶対にしなかったろう。儀式・政務の手順を身に付け、そつなくこなしたものと考えられる。

そして、一方では、光孝天皇は自分を皇位に即けてくれた基経に純粋に感謝していた。複数の候補者の中から、自分の人物を評価して天皇に擁立してくれたのだから、感謝しないわけはないだろう。だから、後の関白に相当する権限を与え、その国政担当者としての手腕と地位を最大限尊重した。

要するに、基経が従来行なってきたやり方を真正面から改めるようなことはしなかった。もしそれをしていれば、当然基経はそれに反発し、光孝天皇との間に感情の齟齬が生じただろう。しかし、光孝天皇は基経のやり方を尊重しながら、また基経が満足するだろう天皇としての振舞いをしながら、慎重かつ確実にそれを自分が正しいと思う方向に変えていった。

天皇と国政担当者との良好な関係

光孝天皇は、基経による国政運営は、あくまでも天皇である自分の主導下に行なわれなければならないという強い信念をもって国政に臨んだ。約三年半の極めて短い在位だったが、光孝天皇は様々な儀式を主催し、また多くの儀式を復活させ、時には特に勅して太政大臣である基経に内弁《ないべん》(=儀式や政務の進行役)を勤めさせた。基経は太政大臣だから、本来は、内弁を勤める必要はない。

しかし、儀式のやり方を基経と相談する中で、「これは非常に重要な儀式である。汝卿(基経)が内弁など勤める必要がないのはわかっているが、やってくれないか」と光孝天皇が言えば、基経も「わかりました。やりましょう」ということになるだろう。ここには非常に良好な天皇と国政担当者との関係が成立している。

光孝天皇が意欲的に国政に臨むこのような状況は、本来、基経が望んだことだった。光孝天皇は、基経が見込んだ通り、立派な天皇だった。基経もこれに応えて、年中行事の項目を月ごとに書き上げた絹の衝立障子を献上した。すなわち、これが後の「年中行事御《ねんじゅうぎょうじのみ》障子文《しょうじぶみ》」に定着し、後世年中行事書と呼ばれる一種の儀式書が多く作られることとなる。しかしながら、基経にとって何かが違っていた。しかも、基経はその理由がわからなかった。右の状況においては、国政の中心にいたのは基経ではなく光孝天皇だった。それに対して、基経が理想とした清和朝では、良房が国政の中心にいた。基経はこの違いを理解できなかった。

国政の中心人物は誰か

繰り返しになるが、桓武朝から清和朝までの歴史の流れをまとめると次のようになる。桓武朝から仁明朝にかけて国政は天皇を中心に動いていた。ところが、文徳朝で良房が仁明朝から引き続いて国政の枢要を占めたため、自然と国政が良房を中心に動くようになり、清和朝にいたってその傾向は決定的なものとなった。

桓武天皇が自ら国政を取り仕切ったのに対し、嵯峨天皇は（政治方針を示すに止め）実際の国政運営を大臣たちに委ねた。仁明天皇もこのかたちを踏襲したから、実際の国政運営のやり方としては、文徳朝・清和朝との差異は明確ではない。だからこそ、基経は両者の違いを理解できなかった。しかしながら、この両者には、国政の中心に天皇が位置するのか（良房・基経のごとき）筆頭官僚が位置するのかという、極めて大きな本質的な違いが存在した。

光孝朝における基経は、他の官人たち（官僚たち）からは隔絶した地位にあったものの、明らかに光孝天皇の臣下の範疇を出ていなかった。そこには天皇の庇護者、最高権力者たる国政担当者としての面影は微塵もない。このため、基経は言い知れぬ不安感・焦燥感を抱くことになり、それがまた新たな政変をもたらすのである。

阿衡の紛議

後継天皇の指名をめぐる駆け引き

光孝天皇は即位直後に自らの皇子女を源氏に下して皇位継承権を放棄させ、臨終の床にあっても皇太子を定めようとはしなかった。つまり、自分の没後はふたたび基経をはじめとする官人たちが相応しい天皇を擁立せよという意志表示だろう。水面下で、源定省《みなもとのさだみ》（宇多《うだ》天皇）を後継にしたい光孝天皇と、それを渋る基経との間で、皇位継承が暗礁に乗り上げていたという考えもあるが、確かなことはわからない。

ともかくも、陽成天皇は天皇として不適格だったから退位に追い込み、官人たちが光孝天皇を擁立したのであって、天皇として何の問題もない光孝天皇に後継者を決定させず、官人たちがそれを選別し擁立することに正当性はまったくない。だからこそ、基経は臨終の床にあった光孝天皇に後継者を決定するよう懇請し、光孝天皇は源定省（宇多天皇）を指名した。すなわち、この時も光孝天皇が国政の中心にあった。

基経にとってもっとも理想的な状況は、光孝天皇から後継者についての相談を受けるというものだろう。光孝天皇は言う。どの皇子も同等に可愛く、またどの皇子もそれぞれ良い資質を持っているから、自分ではどうしても決められない。そこで汝卿（基経）の意見を聞かせてほしい。私はその意見に従おう。もちろん、私の皇子たちの中に適任者がいないと思えば、はっきりとそう言ってほしい。そして、他の親王たちの中から汝卿のめがねに叶った人物を指名してほしい。その場合も、私はその親王を後継者に指名しよう。

光孝天皇からこのように言われた基経は、もちろん、自分にそのような発言権・決定権はないと言って、光孝天皇の提案を断ったことだろう。しかし、「汝卿が決めてくれ」と「いやいや困ります」を何度か繰り返した後、断り切れずに基経が自分の意見を言うことになるのだろう。このようにして決まった後継者ならば、基経に文句はないはずである。右の状況では基経は物事の中心にいるからである。極端な場合を言えば、その結果、源定省（宇多天皇）が後継者になってもよかったのである。

「一世源氏」宇多天皇の即位

光孝天皇が源定省を後継者に指名したのを受け、即日、源定省は親王に復籍し立太子を経て即位した。宇多天皇である。宇多天皇の母は班《はん》子《し》女王といい、桓武天皇の孫で仲野《なかの》親王の女だった。このころ嫡妻《ちやくさい》という地位がすでに確立していたのかどうかは微妙だが、出自の点から見て、班子女王が嫡妻的な位置づけ（＝複数の妻の中で第一位の存在）にあったことは間違いない。ただ、宇多天皇は班子女王が生んだ四番目の皇子だった。

少し込み入った説明が必要なのだが、光孝天皇は親王時代の清和朝に自分の王子一四人を源氏に下すことを申請し許可されており、その中に宇多天皇の三人の同母兄も含まれていた。右の一四人はすでに元服年齢に達していた者たちと考えられ、それに達していなかった宇多天皇は対象から外れたにすぎないが、その結果、宇多天皇が源氏になったのは光孝天皇の即位後だった。

三人の兄のうち、長兄の元長《もとなが》は光孝天皇の即位以前に没しているから除外するとして、次兄の是忠《これただ》と三兄の是貞《これさだ》は孫王から源氏になった「二世源氏」だった。ただし、光孝天皇の即位後にあらためて源氏になっていることからすれば、「一世源氏」に格上げになったとも考えられるが、これに対して、源定省（宇多天皇）は元々の「一世源氏」だった。もちろん、一世源氏の方が二世源氏よりも身分が高い。元々の一世源氏の方がにわかの一世源氏よりも身分が高いだろう。

以上のことからすれば、嫡妻たる班子女王の所生皇子の中で、存命の二人の兄よりも身分的に上位にあった源定省（宇多天皇）は、光孝天皇の後継者たるにもっとも相応しい皇子だったと言えるのである。

宇多朝緒政への先制攻撃

基経にとって、宇多天皇の即位は避けがたいものだったが、かといって、それに納得したわけでもなかった。基経がこの時点でもまだ自らが国政の中心にいないことを認識していなかったのかどうかは詳らかではないが、少なくとも何らかの不安感・焦燥感は感じていたと思われ、その思いが基経を新天皇の出鼻を挫く行為に向かわせたものと思われる。阿衡《あこう》の紛議である。

この事件は、基経の辞表に対する勅答《ちょくとう》の中の「阿衡」の語を基経があげつらい職務を放棄したことから起こった。基経は光孝天皇が死去して以来政務から離れており、当然そのために政務は滞ったが、それは想定内のことだった。新天皇が即位すれば、壅滞《ようたい》は漸次解消し政務は正常化するものだった。ところが、宇多天皇が即位したにもかかわらず、基経が政務に復帰しなかったところから、事態が混沌としてくる。

新天皇の即位にともなって高官が辞表を提出し、天皇がそれを慰留するのは一種の儀礼だった。この時は、宇多天皇が基経にあらためて関白を命じ（要請し）、それに対して基経が辞表を提出し、さらに宇多天皇から慰留する勅答（＝書状）がもたらされた。その勅答の中に「阿衡」の語があった。

阿衡は中国古代の官職名で、見方によっては実権のない名誉職とも言える。基経はそこをとらえて、宇多天皇は自分に名誉職を宛がい実際の国政からは排除するつもりなのだと判断し、仰せに従って国政からは一切身を退くと言って職務を放棄した。官僚機構の頂点にいる基経が職務を放棄すれば、ただちに国政が停滞するのは当然である。宇多天皇はなんとか状況を打開しようと、あらためて自分の真意を基経に伝えたり、左大臣源融に命じて、阿衡の官職としての性質を調査・検討させたりしたが、基経は動かず、結局、宇多天皇が折れるかたちで決着した。

この事件については様々な解釈が提出されている。例えば、これを機に基経の有する権限――つまりは関白の権限――を明確なかたちで定義しようとしたものと考える向きもある。基経が任じられていた太政大臣の権限について光孝天皇の即位直後に議論されたものの、明確に権限があるという結論が出ず、そのために光孝天皇は基経に関白の権限を授けた。光孝天皇から宇多天皇への代替わりに際して、あらためてそれを確定しようというのである。実際、関白の語は宇多天皇の詔で初めて使われ、後世それが摂政とともに職名として定着した。

関白の語と読み

少し話が横道へそれるが、従来より「関白」をアズカリモウスと読むことが通説のように行なわれている。おそらく、「関」にアズカルの読みを当てて、「白」のモウスと併せてアズカリモウスなのだろうが、明らかに誤りである。通説は、『愚管抄』に

関白ハ昭宣公（＝藤原基経）摂政ノ後ニ関白ノ詔ハジマリケリ。漢ノ宣帝ノ時、霍光《かくこう》ガマヅアヅカリキカシメテノチニ奏セヨト、ウケタマハリケル例ナルベシ。

とあるのに基づいて説明されているのだろう。右の文章では、アズカルもキクも（シムは使役の助動詞）主語は基経である。それに対して、慈円が指摘している『漢書』巻六八の霍光伝には、

光後元自《こうげんよ》り萬機《ばんき》を秉《と》り持ち、上（＝宣帝）の即位に及びて、乃ち帰政す。上謙譲して受けず。諸事皆な先ず光に関白し、然る後に天子に奏し御《たま》へ（と言う）。

とある。ここでは光（霍光）は関白の目的語である。「関白」の語が右の霍光伝から採ら

れたものならば、「関」にアズカルの読みは当たらない。慈円の言葉を最大限尊重すれば、「関」はもうしてあずからせる、「白」はもうしてきかせるなのである。基経は結局アズカルことになる（＝「関」の主語）のだから、よいではないかという人がいるかもしれないが、では「白」にキクという読みを当てることができるだろうか。どう考えても「白」の読みはモウスであり、基経は「白」の目的語なのである。「関」は基経を主語にしてアズカルと読み、「白」は基経を目的語にしてモウスと読む。結局、アズカリモウスという読みは、主語・目的語の関係が混乱した破茶滅茶な読みであることがよくわかるだろう。

基経が起こした理性を欠く行動

話を戻して、基経がそのように理性的な判断から議論を起こしたとすれば、国政の停滞を招いたり、貴族たち（官人たち）が注視する中で宇多天皇の面目を丸潰れにし、宇多天皇に屈辱的な敗北感を覚えさせたりすることは決してなかっただろう。基経は、自分がこのような行動を取れば、どのような状況になるかくらい想像がついたはずである。基経も動きようがなかったのだと主張する人があるかもしれないが、そんなことはない。蔵人頭には弟の高経《たかつね》と息子の時平《ときひら》を配していた。彼らを介せば、水面下でいくらでも宇多天皇と協議ができたはずである、穏便に解決する方法はいくらもあった。

図15　橘氏系図

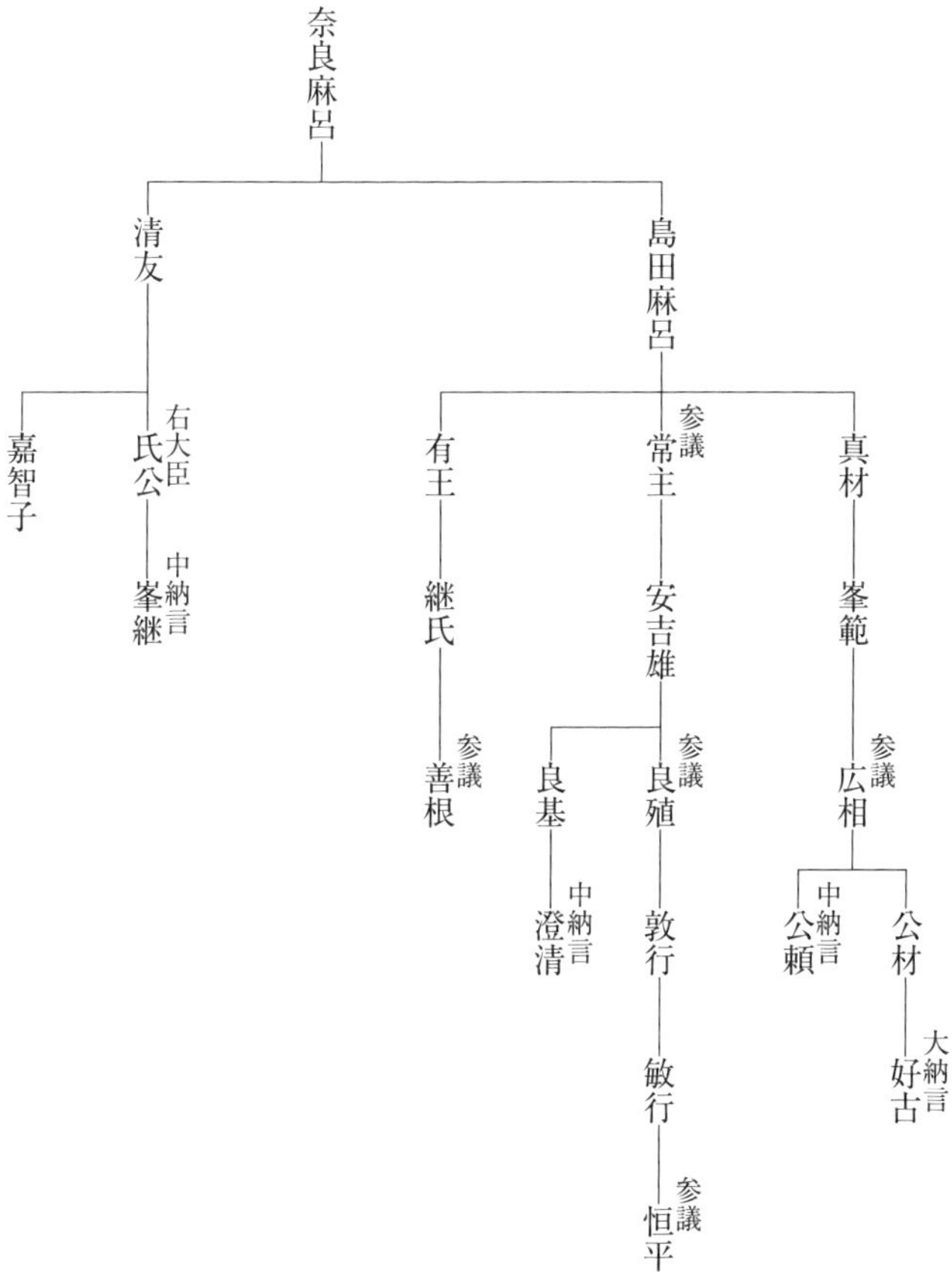
奈良麻呂
清友
島田麻呂
嘉智子
右大臣
氏公
中納言
峯継
有王
継氏
参議
善根
参議
常主
安吉雄
良基
中納言
澄清
参議
良殖
敦行
敏行
参議
恒平
真材
峯範
参議
広相
中納言
公頼
公材
大納言
好古

にもかかわらずこのような行動を取ったということは、こうした状況にすること自体が目的だったと考えざるをえない。引き起こされた状況からすれば、これが基経の理性的な行動だったと言うことは決してできないだろう。ここには常軌を逸した焦燥感があるのみである。

あるいは、この事件を藤原氏による他氏排斥の歴史の一事例と見做して、この勅答を起草した橘広相《たちばなのひろみ》を失脚させ、橘氏の勢力を削ごうとしたものと考える向きもある。先に述べたように、橘氏は奈良麻呂の変により上級貴族の地位を失い中級貴族に落ちた。しかし、嘉智子《かちこ》が嵯峨天皇の皇后となり、その所生皇子が仁明天皇となるに及び、嘉智子の兄氏公《うじきみ》は（仁明天皇の外舅として）右大臣に昇った。特に才能のある人物ではなかったらしいが、氏祖諸兄の大臣位を復したことは大きい。

氏公以後大臣に昇る者は現れなかったが、断続的ながら、各世代で参議以上を輩出している（図15参照）。藤原氏が危険視し排除する必要を感じるほどの勢力かと言われると、少々返答に困るが、細かく言えば、中の上クラスから上の下クラスに浮上している。つまり、確実に上級貴族への復帰を果たしていると言ってよい。また、梅宮祭《うめのみや》の復興も、橘氏の勢力回復を象徴する出来事だろう。梅宮祭は橘氏に繫がる祭で、橘嘉智子が梅宮神社を現在の地に移し、嘉智子の孫にあたる光孝天皇が梅宮祭を復興した。

以上の状況を考えると、基経が（宇多天皇の側近となった）橘広相を失脚させようと思ったのが理由の一つだった可能性はあるものの、それが主要な理由だったとは考えられない。結局、従来から言われているごとく、これは宇多天皇と基経の主導権争いにおける基経の先制攻撃だったと理解すべきだろうと思う。

言葉足らず、または側近官僚への疑念

基経の側に立てば、基経が反発したのは関白の詔が言葉足らずだったことに基経が不信を抱いたか、あるいは宇多天皇が（基経とは別個に）側近たちを集めて新たな政策を模索していたことに反発したものと思われる。

前者については、関白の詔では「其れ万機巨細、百官総己して皆な太政大臣に関白し、然る後に奏下すること、一に旧事の如し」とある。それに対して、光孝天皇が発した勅には「奏すべきの事、下すべきの事、必ず先に諮《はか》り稟《う》けよ」とあって、基経に判断を求めよと明確に述べられている。これとの比較で言えば、「関白」（＝モウス）という表現は報告をせよというに止まり、（関白の権限の中核たる）内覧の権限は明示しているものの、内容を判断し取捨選択する権限に関しては言及されておらず、曖昧になってしまっている。基経

はこの点に疑念を持ち、不信を抱いて反発したと考えられよう。

しかし、結論から言えば、これは考えすぎだと思う。宇多天皇にも基経の権限を制限しようという意図は窺えないし、また関白が後世職名として定着している事実を想起しても、基経がこの語に拘泥して「阿衡の紛議」を引き起こしたというようなマイナスイメージは関白には考えられない。霍光に比肩する権限・権力を基経が獲得した、それを象徴するのが関白の語なのである。

後者については、宇多天皇が即位した翌年の仁和四年（八八八）正月に参議左大弁の橘広相が意見一四条を奏し、二月に蔵人頭の藤原高経が意見五条を上し、中務大輔《ちゅうむたいふ》の十世《とおよ》王《おう》が意見六条を上し、弾正大弼《だんじょうたいひつ》の平維範《たいらのこれのり》が封事《ふうじ》七条を奏している。これらはおそらく政策提案である。そして、維範の封事の語が表しているように、他のだれにも見せるものではなく、宇多天皇だけが見るべきものだった点からは、強いて言えば、宇多天皇と側近だけの秘密の談合のにおいも漂ってくる。

四人のうち、橘広相は宇多天皇の信頼が厚かった人物で、女の義子《ぎし》が宇多天皇のキサキとなり斉中《ときなか》親王等を生んでいる。広相は、阿衡の紛議で攻撃の矢面に立たされた人物である。十世王は班子女王の兄弟で、宇多天皇の外舅にあたる。宇多朝の末年に参議に任じられたが、醍醐朝で昇進することなく、在任二〇年で参議のまま没した。藤原時平首班の政権下で不遇をかこったのだろうか。この二人を見ると、宇多天皇が信頼の置ける人物を側近に集めていた感もある。

側近官僚群は本当につくられたのか

しかし一方で、藤原高経は基経の同母の弟だった。もう一人の蔵人頭だった藤原時平が意見奏上を行なった形跡がないことからすると、高経が（血縁には関係なく）宇多天皇の側近になったと考える余地ももちろんあるが、常識的に考えれば、宇多天皇との良好な意志疎通を確保するために、基経が弟の高経と息子の時平を蔵人頭に配したのだろうから、そうした観点からすれば、高経が基経の意向に反して宇多天皇のために動く人物とは考えられない。また、平維範は高棟王《たかむねおう》の息子の平惟範《たいらのこれのり》のことと考えられる。惟範は母が基経の妹の有子《ゆうし》であり、時平政権下で参議・中納言に昇っている。はっきり時平派とも言えないが、少なくとも時平ににらまれるような人物だったとは思えない。だとすれば、基経に抗して宇多天皇の側近になるような人物でもなかっただろう。

つまり、以上の客観的状況から見れば、宇多天皇が基経に抗して国政の主導権を握るために自らの手足となる側近官僚群の形成を図ったとは考えられないだろう。ただ、この時点で宇多天皇は二二歳だった。宇多朝の事績を見れば、宇多天皇が平安前期から始まった改革をさらに推し進めようという意欲を持っていたことは間違いない。しかし、五三歳の経験豊富な基経に真正面から相談しても、うまくあしらわれるのが落ちだろう。政治経験の絶対的な差を思えば、宇多天皇には自分の考える政策を言い出すことすらためらわれたかもしれない。だから、それを相談できる相手を集め、基経に評価してもらえるだけの内容を備えた政策にしたいと思ったのだろう。基経に提案するのは次の段階である。

しかし、このような宇多天皇とその周辺の動きは、基経からすれば、自分の関与しないところで、宇多天皇が自分の子飼いの側近官僚群を育成・形成しようとしていると見えたのだろう。宇多天皇を中心とする集団が形成されること自体、基経を中心とする政治秩序を乱す元凶――排除されなければならない存在――だった。宇多天皇の政策提案は必ず基経を中心とする政治集団（＝太政官の公卿たち）に提出されるのだから、その段階で基経の主導の下に内容を議論すればよいだけである。基経が冷静であれば、それくらいの判断は容易にできたはずである。

基経の拭いきれぬ焦燥感

しかし、基経は焦っていた。光孝朝で自分が国政の中心にいないことに本能的に気付いていた。光孝朝では後継者の決定まですべて光孝天皇の主導の下に運ばれた。だから、基経は冷静な判断ができなかった。宇多天皇とその周辺の動きは、基経が中心となって行なわれてきた従来の国政運営のあり方とは明らかに異なる。それは基経が長い年月をかけて積み上げてきた国政運営のあり方を真っ向から否定するものに他ならない、基経の目にはそう映ったのだろう。また、年若い宇多天皇にも光孝天皇のような慎重な対応はできなかった。しかし、宇多天皇に基経を国政から排除しようという明確な意志がない限り、当然それらの政策はやがて太政官にもたらされ、基経の指導下に検討されるはずである。基経が反発する必要はまったくないのである。

同じサボタージュ戦術ながら、今回は（陽成天皇を退位に追いやった時のような）理想的な政治を追い求める姿勢はどこにもない。極言すれば、この時の基経は権力を追い求めるだけの亡者になりはてていた。ただし、基経自身の中では、自分の理想とする政治を妨害しようとする動きを排除するための行動だった。そして、その理想とは、天皇と政権担当者とが互いに深い信頼で結ばれ、その下で官僚機構が円滑に運営され、安定した国政が実現している状況に他ならなかった。殊更に自分が絶対的な権力を掌握したいというような利己的な欲望はなかったはずである。ただ、その理想を維持するためには、結果的に、基経が絶対的な権力を掌握する必要があったのである。先に言ったように、それは基経の「欲」に他ならなかった。

宇多朝政治のめざしたもの

すべてをリセットして考えれば、よい政治が行なわれれば、それが理想的な政治のはずである。何をもって「よい政治」というかはむつかしい問題だが、その点を暫く措けば、光孝朝は先に説明した通り「よい政治」が行なわれていたと言ってよかろう。また宇多朝には、後半には平安前期の改革を総決算するような政策が行なわれ、昇殿制《しょうでんせい》が整備され蔵人所が組織的に確立して、平安時代中後期に続く政治体制をほぼ完成させている。それからすれば、阿衡の紛議の挫折さえなければ、宇多朝も即位当初から「よい政治」が行なわれていたことが容易に想像できる。天皇を中心に回ろうが筆頭官僚（政権担当者）を中心に回ろうが、「よい政治」が実現されればよい。それを基準にすれば、基経の行動はいかにしても正当化されるようなものではない。職務放棄は不忠以外の何ものでもない。しかし、それを非難する人もなく、逆に君主である天皇が膝を屈して許しを乞わなければならない状況が、いかに異常なものだったかを実感してほしい。

これにより、光孝天皇が復活させた嵯峨朝型の政治のあり方が清和朝型に修正されたことは確かだったし、同時に、天皇と筆頭官僚との間で国政の主導権争いが起こる可能性があることが明確に意識されたことも重要だった。

宇多朝初における政治のあり方が、嵯峨朝型に近かったのか清和朝型に近かったのかは詳らかではないが、国政の主導権争いが基経が没するまで続いたことは容易に想像できる。基経は寛平三年（八九一）に亡くなるが、それまで実質的には国政は何も動かなかった。その後、宇多天皇は左大臣源融・右大臣藤原良世という体制で国政を行なった。両大臣とも七〇歳の高齢だったから、宇多天皇自身が国政を切り盛りしたと考えてまず間違いあるまい。高齢だからといって政治的に能力が劣るとか意欲に欠けるとかではないものの、二人とも権力掌握を目指すようなタイプの政治家ではなかった。その意味では、桓武朝型の政治のあり方を実践できる条件がそろったとも言える。実際、この時期には（源能有《みなもとのよしあり》を補佐役に）果断な政策が次々と断行されている。

昌泰の変

宇多天皇譲位のなぞ

しかし、奇妙なことに、宇多天皇は寛平九年（八九七）に三一歳で醍醐天皇に譲位した。三一歳といえば正に働き盛りである。それに加え、醍醐天皇は（元服《げんぷく》を終えたとはいえ）いまだ一三歳で、国政を領導できるとは到底思えず、譲位詔で宇多天皇が藤原時平と菅原道真《すがわらのみちざね》を内覧とし新天皇の補佐を命じたほどである。

したがって、この時期に宇多天皇がなぜ国政の一線から退いたのか、まったく不可解である。宇多天皇が後の院政のごとき政治体制を構想したという説明を時に見かけるが、醍醐天皇の即位後、国政は速やかに醍醐天皇と藤原時平・菅原道真を中心にした運営に移行しており、そうしたことがあったとは考えにくい。嵯峨天皇の曽孫である宇多天皇が、嵯峨天皇が退けた国政への関与（積極的介入）を指向したとは、天皇家を受け継ぐ者のポリシーからしてもありえない。

考えられるとすれば、宇多天皇が醍醐天皇への皇位継承を確実に行なうため、自らの手で国政を運営することを断念し犠牲にしたというものだろう。だとすれば、これまで指摘されたことはないものの、宇多天皇の皇位は想像以上に不安定なものだったのではなかろうか。思えば、敦仁《あつぎみ》親王（醍醐天皇）の立太子は基経死没の翌々年であり、醍醐天皇への譲位は源能有死去の翌月だった。

図16　宇多法皇像（仁和寺所蔵）

能有の死去により、宇多天皇が即位した時点で中納言以上だった者はすべていなくなった。能有は宇多天皇の改革に協力を惜しまなかったが、それとは別に、宇多天皇が貴族たちの思惑に反する行動を取った場合には、宇多天皇に正面から意見できる人物だったのではなかろうか。つまり、自分を縛る存在がなくなった段階で、宇多天皇は晴れて自分の意志通りの行動を取ったということなのだろう。

実は、敦仁親王（初名は維城）が親王の身分を与えられたのは、宇多天皇が即位（践《せん》祚《そ》）した翌々年だった。寛平への改元もこの年だった。嵯峨天皇以来、即位の翌年に改元する踰《ゆ》年《ねん》改元が慣例となっており、宇多天皇がこの慣例を守れなかったことを示している。阿衡の紛議にともなう政治の混乱を収拾するのに翻弄され、改元まで手が回らなかったというのが実情だろう。

仁和四年（八八八）の十月に基経の女の温《おん》子《し》が入内しており、このころに宇多天皇と基経の関係がようやく正常化したものと思われ、この翌年四月の寛平改元に繫がったのだろう。敦仁親王をはじめとする四皇子の親王身分の確定は同年の十二月である。この間、彼らが源氏として扱われたとは思えないが、宙ぶらりんの状態だったことは間違いない。そもそも、彼らは宇多天皇の即位にともなって速やかに親王の身分を得ていなければならない。それを考えれば、この四皇子のみならず、その父である宇多天皇の地位自体が相当に危ういものだったことを示していよう。

宇多皇統を守るための人事

宇多天皇の即位は、光孝天皇の指名により実現した正当な皇位継承だったが、光孝天皇が死の直前まで自らの子孫への皇位継承を（少なくとも表面的には）意図せず、また宇多天皇自身がいったん臣籍に降下していたこともあり、さらに基経との確執が解消されなかったこともあって、宇多天皇の皇位は永続的なもの（＝宇多天皇の子孫に継承されるもの）になっていなかったのではなかろうか。

右の理解が正しいとすれば、阿衡の紛議に際しての基経による宇多天皇への攻撃は、最高権力者（＝君主）としての天皇のあり方に極めて重大な打撃を与えたものと評価できよう。宇多天皇は、そのダメージに対処しようと早期の譲位を行ない、結果的に、それが極めて特殊な政治体制をもたらすことになった。

すなわち、幼い醍醐天皇を補佐するため、藤原時平と菅原道真に内覧の権能が付与された。時平は基経の長子で、基経が死去する前年に二〇歳で従三位にまで昇っており、基経が死去した二ヵ月後に参議に任じられている。一六歳の元服から二〇歳までの異例の昇進は基経の意向が強く働いたものとも考えられるが、任参議以降も宇多天皇の下で順調に昇進を遂げ、醍醐天皇が即位した時点では、二六歳の若さで太政官筆頭の大納言となっていた。宇多天皇は良房・基経と続く藤原摂関家の功績を認め、同じ役割を時平にも期待したということだろう。

この時平と並んで政権担当を期待されたのが権大納言の菅原道真だった。この時すでに五三歳で、世代の上でも時平とまったく異なる。この後しばらくして時平と道真は並んで左右大臣に昇進する。道真の昇進は宇多天皇に異例の抜擢を受けたもので、宇多天皇と道真との間には、旧来の君主と臣下のごとき関係が成立していた。

宇多太上天皇が道真を関白に任じようとしたという逸話が『北野天神縁起《きたのてんじんえんぎ》』に見える。『北野天神縁起』は美術史の資料としては重要だが、歴史学の史料として扱えるものではない。ただし、同様の記事が『扶桑略記《ふそうりやっき》』にもある。『扶桑略記』は六国史《りっこくし》ほど信を置いてよい史料ではないが、六国史にない記事もあり、決して無視してよい史料ではない。そうした観点からすれば、このような話が伝わっていること自体、内覧はどちらかといえば道真のために設定されたものだったと言えよう。

菅原道真登用への反発

しかし、この内覧という政治体制に対しては他の公卿たちが一斉に反発し、日常政務をサボタージュするにいたった。若いとはいえ、基経の後継である時平が政権担当者の地位に昇ったことは公卿たちも納得していようが、道真は大臣に昇るような階級の貴族ではなかった。道真に越えられた公卿たちは、自分が侮辱されたような感覚を覚えただろうから、公卿たちの反発は具体的にはこの道真に向けられたものだったと言えよう。そして彼らは、宇多天皇の行為を貴族社会の秩序――貴族たちがもっとも大切にしているもの――を乱すものに他ならないと思ったのではなかろうか。

サボタージュ戦術は、臣下たる基経が陽成天皇や宇多天皇を窮地に追い込むために取った方法であり、それと同じ方法を一般の公卿たちが何のためらいもなく取ったのは、考えてみれば驚愕すべき状況である。つまり、この時代には天皇が君主という隔絶した地位に立って官人たち（貴族たち）に向かうことがすでに不可能な状況になっている。

この場合に近いのは阿衡の紛議の際の状況で、宇多天皇の行動に不満があるということを表明するために、基経は執務をサボタージュした。それに対し宇多天皇は再三事態の打開を図ろうとしたものの基経は応じず、宇多天皇が基経に不満を感じさせたことについて謝罪するまで事態は紛糾した。公卿たちはこの過程をすべて見ていた。自分たちも宇多太上天皇に対し不満があれば、当然それを表明してよいと思い、基経に倣ってサボタージュ戦術でそれを実行したのである。

しかも、公卿たちの不満の表明には一理あった。藤原時平と菅原道真の内覧任命により自分たちが不要になったというのである。嵯峨天皇が官僚たちに官僚としての優れた能力を体得することを要求し、官僚たちもそれに応えて彼らの能力は極めて高い水準にまで到達した。そうした官僚たちの中のエリートが公卿たちである。公卿たちは自分たちの論理を駆使して宇多太上天皇に盾を突いたのである。

公卿たちのサボタージュにより国政が擁滞する状況に困惑した菅原道真は、宇多太上天皇に請い、他の公卿たちを軽視したわけでは決してなく、彼らの役割には従来と変わらず大きく期待している旨をあらためて表明してもらった。要するに弁明だった。今回は宇多太上天皇が命令を撤回するまでの状況にはならなかったし、公卿たちに謝罪するようなことはなかったが、君主である太上天皇が自分の命令に関して臣下である公卿たちに弁明しなければならないとは、どこをどう考えてもおかしい。しかも、宇多太上天皇に弁明を請うたのは菅原道真だった。つまり、道真も公卿たちの言い分に一理あると認めているのである。

こうして見ると、嵯峨天皇の政治によって官僚たちの水準が上がって、その中から藤原良房が登場し、その良房が後継者に指名した基経が、君・臣の別なく——言い方を換えれば、君主である天皇を自分たちと同じ地平にまで引きずり下ろしたと表現できる——宇多天皇を屈伏させたことが、この状況に繫がっていることがはっきりとわかるだろう。

昌泰の変—菅原道真左遷事件

二人が左右大臣に昇進した後、突然道真は右大臣を解任され大宰権帥《だざいのごんのそち》に左遷《させん》されてしまう。昌泰《しょうたい》の変である。この政変は、道真が女を斉世親王に入れていたことをとらえて、醍醐天皇を廃し斉世親王を擁立しようと謀っているとの讒言《ざんげん》により、道真が突如大宰権帥に左遷された（実質的には流罪《るざい》）事件である。

この出来事は、表面的には時平による陰謀だったのかもしれないが、より本質的には、以上のごとき（宇多天皇によって作り出された）不自然な政治状況を解消する極めて自然な動きだったと理解できるのではなかろうか。貴族社会全体で道真を排除したということである。そして、もう一つ重要な点は、この左遷人事が醍醐天皇の決定によって実現したという事実である。つまり、醍醐天皇は貴族たち（官人たち）の意志を理解し、同調し、道真を左遷したのである。

宇多天皇は、天皇と官人たちとの関係を対立関係の中でとらえたが、醍醐天皇は藤原時平との関係も良好で、いわば天皇を（官人たちとは隔絶した）特殊な身分とは考えなくなっていたと思われる。先にも少しふれたように、醍醐天皇は一世源氏である源定省の子として生まれた。これを劣等感として感じる人もいるが、醍醐天皇は貴族たち（官人たち）を仲間と感じたのではなかろうか。貴族たち（官人たち）も天皇を絶対的な存在だとは思わなくなっていたから、ここに従来とはまったく異なった天皇と貴族たち（官人たち）との関係が生まれた。

摂関時代のはじまり

令制本来の天皇は中国の皇帝に倣ってその国家権力が規定された。中国においては、皇帝は（天帝から天下の統治を委任された）絶対的な存在であり、官人たちは皇帝の臣に他ならなかった。「臣」とは奴隷もしくは召使の謂であり、国政運営に際しては皇帝の手足として皇帝に使われる存在だった。

桓武天皇が確立し、嵯峨・仁明天皇が若干かたちを変えながら継承し、光孝天皇が再構築した政治のあり方は、正にそうした系譜を引くものだった。清和天皇は自らがこうした政治のあり方を実現できないことに絶望し、基経はこうした政治のあり方を結果的には否定しようと格闘し、宇多天皇は（自分なりに光孝天皇の意志を継承して）こうした政治のあり方を再度実現しようと奮闘した。

しかし、結局のところ、そうした政治のあり方は醍醐天皇も貴族たち（官人たち）も欲せず、まったく違った政治のあり方を選択した。見方を変えれば、基経や光孝天皇（および宇多天皇）が右のごとき政治のあり方を明確に見せてくれたからこそ、醍醐天皇や官人たちは明確にそれを拒否し、まったく違った政治のあり方を選択したとも考えられる。

そこでは天皇は突出した存在ではなかった。誤解を恐れずに言えば、そこでは天皇と官人たちは貴族という同じ存在だったと言うことができる。国政を運営する主体を模式的に〈天皇―官僚機構〉と表した時、天皇が国政の前面に出てこなくなれば、相対的に官僚機構が前面に出てくる。その官僚機構を頂点で差配するのは摂関であるから、結局、摂関が国政の中心に位置することになった。すなわち、平安時代の中・後期を「摂関時代」と称するゆえんである。

天皇はもはや君主ではない時代

嵯峨天皇の構想に従って藤原良房が定めた〈左大臣源融・右大臣藤原基経〉という政治体制を、清和天皇が否定して源融を退け、基経を国政担当者に指名した。基経は、天皇は国政運営のパートナーであり、実際の国政運営は（自分を頂点とする）官僚機構が行なうべきものと考えていた。天皇は天皇としての職務を果たすべきものと考えていた。

したがって、君主として官僚機構の上に君臨したいという清和天皇や陽成天皇の思いが基経に伝わるはずもなかった。こうした思いの食違いが陽成天皇の反抗に繋がり、それを天皇失格の行為と見做した基経は、ついに天皇の廃位――実質的謀反――を実行に移すにいたる。代わって即位した光孝天皇と基経の関係は極めて良好だったが、そこでは光孝天皇が（賢明なやり方で）国政の主導権を握り、基経が思い描く基経中心の国政運営とは違う状況があった。そのため、基経は不安感・焦燥感をつのらせ、阿衡の紛議で宇多天皇の出鼻を挫き、天皇としての面目を失わせることとなる。

天皇と官僚機構の間にはすでにパートナーシップが成立していたものの、この事件により、君臣関係はまったく過去のものとなっており、天皇がすでに貴族たちと同じ立ち位置に引きずり下ろされてしまったことが白日の下にさらされたのである。宇多天皇はそれでもなお（菅原道真を介して）貴族たちに抗しつつ政治改革の実現を図ったが、醍醐天皇は貴族たちを従わせるべき者たちではなく、共生すべき者たち――平たく言えば仲間――と考え、道真を排除することにより、貴族たちが嫌悪する貴族社会の秩序の乱れを修正することに協力したのである。ここには天皇と貴族たちとのまったく新しい関係が成立していた。

政治を動かす巨大なエネルギー——エピローグ

本書では「良吏《りょうり》政治」と「承和《じょうわ》の変」を中心にすえて、〈時代〉が天皇主導の改革の時代から、貴族たちが主役の絢爛豪華な王朝の時代へと移り変わっていく様を見てきた。その中には、橘奈良麻呂《たちばなのならまろ》の変、藤原仲麻呂《ふじわらのなかまろ》の乱、巫蠱《ふこ》事件、氷上川継《ひがみのかわつぐ》の変、藤原種継《ふじわらのたねつぐ》暗殺事件、伊予《いよ》親王事件、薬子《くすこ》の変、承和の変、応天門《おうてんもん》の変、陽成《ようぜい》天皇の廃位、阿衡《あこう》の紛議、昌泰《しょうたい》の変、安和《あんな》の変と、実に数多くの政変が織り込まれていた。

もちろん、政変はマイナス方向のエネルギーの発露なのだが、少なくとも、その時々にそれだけのエネルギーがあったことを雄弁に物語っている。そのエネルギーは「政治のエネルギー」なのであり、その「政治のエネルギー」こそが国家を発展させ、豊かな社会を作り出す原動力なのである。

そもそも橘奈良麻呂の変は、藤原仲麻呂の強引な改革の進め方に反発して企てられたクーデターがきっかけの政変だったし、その強引さが原因で身を滅ぼしたのが藤原仲麻呂の乱だった。ただ、藤原仲麻呂の改革の思想自体は正しく、その延長上にあるのが桓武《かんむ》朝の改革であり、巫蠱事件や氷上川継の変は改革反対派を押さえ込むために起こされた事件であり、その桓武天皇の側近を排除したのが藤原種継暗殺事件だった。この政変で皇太弟を廃された早良《さわら》親王が、もし旧来の政治に理解を示す立場にあったとすれば、この政変は前の二つと同根の事件であるとともに、桓武天皇と早良親王の政治方針をめぐる対立に起因するものとも言えるだろう。

桓武天皇は実績を着実に積み重ねつつ諸政策を推し進めたのに対して、平城《へいぜい》天皇は独善的に推し進めた。伊予親王事件も、もし平城天皇の強引な改革推進の方針にブレーキをかけようとする勢力が担ごうとしたのが伊予親王だったとすれば、平城朝の最初の段階から、平城天皇の改革の暗澹たる将来を暗示していたことになろう。事実、平城天皇は官僚たち（官人たち）の支持を失った結果権力を喪失した。薬子の変である。ただし、平城朝の改革は嵯峨《さが》朝にしっかりと継承され、「良吏政治」の実践というかたちで花開いた。承和の変は、良吏政治で官僚たちが能力を高めた結果起こった政変で、応天門の変は、良吏政治を継続するかの否かの選択だったという言い方もできる。

陽成天皇の廃位は、能力を高めた官人たち（官僚たち）が天皇を対等な国政のパートナーと見做し、陽成天皇にパートナー失格を突き付けた事件で、阿衡の紛議は、藤原基経《ふじわらのもとつね》によって宇多《うだ》天皇が、天皇がもはや君主ではないことを思い知らされた事件だった。昌泰の変は、その宇多天皇によって破格の昇進を果たした菅原道真《すがわらのみちざね》を、貴族秩序を乱す存在として、醍醐《だいご》天皇と貴族たち（官人たち）が排除した事件で、安和の変は、嵯峨天皇が構想した〈左大臣源氏・右大臣藤原氏〉という政治体制（の再登場）を否定し、藤原氏（摂関家《せっかんけ》）主導の政治体制を確固たるものにした政変だった。

以上を見れば、貴族たち（官人たち）の存在が大きくなって、天皇との君臣関係が変質し、最後は藤原氏が権力を掌握して、摂関時代にいたる過程がよく理解できよう。

もちろん天皇は、平安時代ばかりか鎌倉時代以降も、独自の尊貴性を保持して、国家に確固たる位置を占めてきた。しかし、神話を身にまとい自身も神として仰ぎ見られた天皇のあり方は奈良時代で終わり、平安前期は律令国家の君主として指導力を発揮して改革を推進したものの、やがて貴族たちが国家・社会の主役になる平安中後期を迎える。そうした〈時代〉が変化していく過程のしかるべき所々で、エネルギーの発露として〈政変〉が起こったのである。

あとがき

日本の律令国家は中国を手本に構築された国家体制である。しかし、奈良時代から平安時代へと移り変わっていく様は、唐から宋へのそれとかなり異なった様相を見せている。さらに言えば、日本の律令天皇制は中国の皇帝制をモデルにしたにもかかわらず、特に平安時代の天皇と貴族との関係性は唐宋代の皇帝と貴族とのそれと相当に異なっている。この違いはどこから生じるものなのだろうか。筆者が抱く素朴な疑問である。

奈良時代の天皇は、時に日本固有のあり方も見せるものの、唐の皇帝制をよく学び実践していると評価できると思う。それに対して、平安時代中後期の天皇は（君主として当然保持すべき）国政の主導権を放棄し、貴族集団の中に埋もれてしまった——あるいは、そこに天皇の主体性を見出すとすれば、「同化してしまった」と表現した方がよいかもしれない——ようである。その結果、この時代は貴族が主役の時代となり、「王朝貴族の時代」などと呼ばれるのである。

このような奈良時代から平安時代への〈時代〉の変化の過程をどのように理解すればよいのか。それが筆者の大きな課題の一つだった。この課題を頭の片隅に置きつついくつかの大学で講義をする中で、平安前期がキーになる時代だと思うようになった。本書は、改訂を繰り返した講義原稿が元になっている。そして、従来から様々な改革が行なわれたとして注目されてきた桓武朝ではなく、平城・嵯峨・淳和朝にこそ注目すべきだと思いいたったのは近年のことである。

もちろん、この時期に関しても従来から重要性が指摘されてきてはいるが、筆者自身もう一つ満足できるものではなかった。講義で説明する教師がこのような状況であれば、聴いてくれる学生たちにも十全な理解は望めないだろう。そんな中で、人物叢書の『平城天皇』（二〇〇九年刊）を執筆する機会を与えられたのが転機だったと思う。平城天皇の事績を追っていく中で、嵯峨・淳和朝に継承された政策もあったという事実をあらためて認識できたことが大きかった。

平城天皇が最終的に薬子の変ですべての権力を喪失したこともあって、平城朝の改革に対する評価が極めて低く、その成果はほぼ後に残らなかったという説明が大勢を占めていたが、事実はまったく違っていた。平城朝の改革は高い評価を与えるべきものだった。その上で、平城朝と嵯峨朝との間に断絶を見るのではなく、継続を見ることが、奈良から平安への〈時代〉の変化を見極めるキーだということに気付いたのである。

奈良時代の藤原仲麻呂政権の改革の延長上に光仁・桓武朝の改革があるという認識はあった。また、平城朝の改革は桓武朝の改革をさらに大胆に推し進めるものだったという認識もあった。そして、嵯峨天皇が主導した良吏政治の実践が「摂関時代」とも言われる平安中後期の貴族の繁栄を導いたものだったという認識もあった。それが、平城・嵯峨・淳和朝を継続する発展過程の中でとらえることにより、奈良時代から平安前期を経て平安中後期にいたる歴史過程を一貫した発展過程としてとらえることができた。その成果が本書であるとも言える。

本書では、従来の説明とかなり異なった理解を提示したところが多い。従来の説明が正しいと思っている人々からは批判を受けるかもしれない。また、そのような既往の知識がないまま本書を読んで下さった人々の中にも、筆者の説明に疑問を持たれた方もいたかもしれない。その場合には、是非とも他の書籍を読み比べ、考え、それぞれに自分自身の正しいと思う結論を導いてみてほしい。おそらく、その作業が歴史をより深く理解することにつながっていくと確信する。

本書のお話は吉川弘文館の堤崇志氏からいただいた。堤氏には以前の『平城天皇』でもお世話になっており、思うところがあって、本書の小見出しはすべて堤氏にお願いした。小見出しを付けることを考えず流れのままに文章を綴っただけに、至難だったろう。初校を読んだ際、堤氏が相当苦労されたのだろうと実感した。本書の製作過程を最初から最後まで担当していただいた編集部の高尾すずこ氏とあわせて、末尾ながら謝意を表したいと思う。

二〇一九年六月

春名宏昭

参考文献

阿部猛『平安貴族社会』（同成社、二〇〇九年）

井上辰雄『嵯峨天皇と文人官僚』（塙書房、二〇一一年）

江渡俊裕「賜姓源氏創出の論理と変遷」（『法政史学』八三、二〇一五年）

大隅和雄訳『愚管抄』（講談社学術文庫、二〇一二年）

大塚徳郎『平安初期政治史研究』（吉川弘文館、一九六九年）

神谷正昌「承和の変と応天門の変―平安初期の王権形成―」（『史学雑誌』一一一―一一、二〇〇二年）

神谷正昌「阿衡の紛議と藤原基経の関白」（『続日本紀研究』三九三、二〇一一年）

倉本一宏『奈良朝の政変劇　皇親たちの悲劇』（吉川弘文館、一九九八年）

今正秀『摂関政治と菅原道真』（吉川弘文館、二〇一三年）

笹山晴生『平安の朝廷　その光と影』（吉川弘文館、一九九三年）

滝川幸司『菅原道真論』（塙書房、二〇一四年）

滝浪貞子「陽成天皇廃位の真相―摂政と上皇・国母―」（朧谷寿・山中章編『平安京とその時代』思文閣出版、二〇〇九年）

春名宏昭「草創期の内覧について」（『律令国家官制の研究』吉川弘文館、一九九七年）

春名宏昭『平城天皇』（吉川弘文館、二〇〇九年）

福井俊彦「承和の変についての一考察」(『日本歴史』二六〇、一九七〇年)
目崎徳衛「関白基経—権力政治家の典型」(一九六三年初発表。のち『王朝のみやび』吉川弘文館、一九七八年)
桃裕行『桃裕行著作集1上代学制の研究〔修訂版〕』(思文閣出版、一九九四年)

著者紹介
一九六〇年、岡山県に生まれる
一九九二年、東京大学大学院博士課程単位取得退学
現在、法政大学兼任講師、博士（文学）
主要著書
『律令国家官制の研究』（吉川弘文館、一九九七年）
『平城天皇』（人物叢書、吉川弘文館、二〇〇九年）
『皇位継承』（共著、山川出版社、二〇一九年）

歴史文化ライブラリー
487

〈謀反〉の古代史
平安朝の政治改革

二〇一九年（令和元）九月一日　第一刷発行

著　者　春《はる》名《な》宏《ひろ》昭《あき》
発行者　吉川道郎
発行所　株式会社　吉川弘文館
東京都文京区本郷七丁目二番八号
郵便番号一一三―〇〇三三
電話〇三―三八一三―九一五一〈代表〉
振替口座〇〇一〇〇―五―二四四
http://www.yoshikawa-k.co.jp/
印刷＝株式会社 平文社
製本＝ナショナル製本協同組合
装幀＝清水良洋・高橋奈々

ISBN978-4-642-05887-2

歴史文化ライブラリー

1996. 10

刊行のことば

現今の日本および国際社会は、さまざまな面で大変動の時代を迎えておりますが、近づきつつある二十一世紀は人類史の到達点として、物質的な繁栄のみならず文化や自然・社会環境を謳歌できる平和な社会でなければなりません。しかしながら高度成長・技術革新にともなう急激な変貌は「自己本位な刹那主義」の風潮を生みだし、先人が築いてきた歴史や文化に学ぶ余裕もなく、いまだ明るい人類の将来が展望できていないようにも見えます。このような状況を踏まえ、よりよい二十一世紀社会を築くために、人類誕生から現在に至る「人類の遺産・教訓」としてのあらゆる分野の歴史と文化を「歴史文化ライブラリー」として刊行することといたしました。

小社は、安政四年（一八五七）の創業以来、一貫して歴史学を中心とした専門出版社として書籍を刊行しつづけてまいりました。その経験を生かし、学問成果にもとづいた本叢書を刊行し社会的要請に応えて行きたいと考えております。

現代は、マスメディアが発達した高度情報化社会といわれますが、私どもはあくまでも活字を主体とした出版こそ、ものの本質を考える基礎と信じ、本叢書をとおして社会に訴えてまいりたいと思います。これから生まれでる一冊一冊が、それぞれの読者を知的冒険の旅へと誘い、希望に満ちた人類の未来を構築する糧となれば幸いです。

吉川弘文館